ファンダメンタル英語史
|改訂版|
Fundamentals of Historical English Linguistics

児馬 修
Osamu Koma

ひつじ書房

改 訂 版 の 序

　はやいもので、初版の刊行から20年も経過した。この間、多くの読者から、わかりにくい箇所や、いくつかの誤りなどもご指摘いただいたこともあり、このたび、全体の章構成は変えずに、いくつかの章に、わかりにくい箇所などを中心に補筆、加筆を行った。「初版のはしがき」にも述べたように、本書は、著者の「英語史」の講義録・講義原稿に基づいた、いわば「読物」として作成されたものであったので、演習形式（受講者とともに講義内容の理解を確認したり、さらに、それに基づいて新たな課題に取り組んで、理解・考察を深めるというような、アクティブラーニングの授業テキスト）には適していないことを痛感した。そこで、各章の練習問題については大幅な見直しを行い、講義のポイントの理解を確認するような、比較的易しい**練習問題**と、受講生が、ある程度時間をかけて主体的に取り組めるような**課題**とに分けて、新たな作問も多く行った。本書の後半の章は、英語史というよりは、むしろ「英語学概論」で学習したことを活かして、英語や英文法の史的変化を考察することに重点が置かれており、その点は、初版から本質的に変わっていない。英語史の基礎を半期で学ぶのであれば、本書の8章まで（時間の余裕があれば、9章と13章なども含めて）をお読みいただければ十分かと思う。また、本書が将来、英語教師を目指す学生・院生の方々に向けて書かれたものであるという点については「初版のはしがき」に詳しく触れているので是非それをお読みいただきたい。英語学的な英語史の入門書として引き続きお役に立てれば幸いである。

　本書の初版を丁寧にお読みくださり、多くの貴重なご助言をいただいた津田塾大学名誉教授の千葉修司先生には心より感謝申し上げたい。また、改訂版の草稿をお読みくださった高木ひかりさん、小堺健さんにも貴重なご意見

iv

をいただき、厚くお礼申し上げる。

　ひつじ書房の海老澤絵莉さん、兼山あずささんには、ずっと以前から改訂版のお話をいただいていたにも拘わらず、長らくお約束が果たせず、ご迷惑をかけてしまったが、編集・校正を通して大変お世話になり、心より謝意を表したい。

　2017 年 3 月

著者

初 版 の は し が き

　本書は大学や短大で英語を学ぶ人達を対象にした英語史の基礎的なテキストとして書かれたものである。

　大学（英文・英語科）での英語の学習にとって欠かすことのできない基礎的なものを三つあげろといわれたら、私は、文法、発音、歴史をあげる。現代の英語を学ぶのに、なぜ歴史が必要なのか、不思議に思われるかも知れない。実際、英語（日本語）を母国語とする国で生まれた子供が、その母語を習得する際に、英語（日本語）の歴史を親から学ばなければいけない、というような話は聞かない。しかし、これはあくまで母語の獲得の話であって、我々は英語を外国語として勉強していることを忘れてはならない。英語は日本語とは発音においても文法においても異なる点が多く、その学習には多くの困難が伴うことは誰もが認めるところである。それだけにいっそう我々が英語を学ぶ場合には、英語の文や音声の構造をより深く理解するということが肝要となってくる。著者は、その「文法や発音に対する深い理解」という点に関して、英語の歴史を学ぶことが大いに役立つと考えている。この点を少し角度を変えて、具体的に述べてみたい。

　現代英語を学ぶ際に、一つ忘れてはならないことがある。それは、現在、使われている英語というのは、いうまでもなく、歴史（時間）を引きずっているということである。つまり、ある単語（句でも文でもよいが）がなぜ今、そこにそういう形であるのかということを考えたときに（中学生のような初学者でもそういう疑問をもつことが頻繁にあろうかと思う）、もちろん時間を静止させて、現代英語の範囲の中で考えることも重要であるが、と同時に、時間を動かして、英語の歴史という線上で考えることも必要であるということである。言語が世代から世代へと伝えられるという自明な事実をふまえて、現在用いられている言葉を「歴史的に」みるということである。現代英

語のある用法がどうして、そのような形で使われるのかという問いに対して、いくら現代英語の枠の中で考えても答がでてこない。ところが、歴史的にみると、納得のいく答が見いだせるというようなことがよくあるのである。本書の中でこの点を具体的に示したつもりである。英語史の教科書というと、入門書と称しても、古い時代の英語の特徴などを細かく記したものも多く、これが英語史を難解で、とっつきにくくさせている要因の一つである。本書では、可能な限りそのような細かい網羅的な記述を避けて、上で述べたように、あくまで「現代英語をより深く理解するため」という観点から英語史が書かれている。したがって、従来の英語史のテキストには必ず記載のある項目であっても本書では取りあげていないこともあるということをあらかじめお断りしておく。

ところで、わが国では英語を学ぶ者の数は多い。当然のことながら英語を教える者の数も多い（筆者の調べでは、中学から大学までの英語教員は 11 万人程と推定される）。英語教師に要求される資質は英語を運用する能力が基盤になろうが、それのみでは、必ずしも十分とはいえない。英語を「使える」ということと、英語を「知っている」ということとは必ずしも等しくはない。筆者は、上で述べたような、英語の文法や発音に関する深い理解という点も必要な資質の一つであると思う。イエスペルセンという高名なデンマークの英語学者は、言語の教師というものは、その言語の歴史をよく知っている人と、そうでない人とで、言語観というか、言葉に対する見方が大きく変わってくる、もちろん、知っている人の方が柔軟な幅広い見方ができる（もう少しいうと、生徒の間違いに対する処し方にも影響する）という主旨のことを述べている。筆者も全く同感であり、現代英語を歴史的にみるというのも、そういう意味があるのである。

本書にはもう一つのねらいがある。英語はこの 1,500 年くらいの間に、その文法の基本的な仕組みを大きく変えてきている。そこで、本書では、その仕組みがどのように（How）、そして、なぜ（Why）変化したかというような問題をも扱っている。特に、後半の章では、言語（文法）変化のメカニズムに

関する様々な言語学的説明（アプローチ）が試みられている。したがって、本書は現代英語の学習者、教師だけでなく、英語史や英語学の専門を、これから学ぼうとする人達にとっても、「入門書」として大いに活用していただけるものと思う。各章の終わりに載せてある練習問題についても、その多くが、読者自身の調査や考察を要求する、やや難しい課題となっているが、教室内での議論の材料にしていただければ幸いである。

　筆者は、勤務する大学で、主として英語教員を目指す学生を対象とした英語史の授業で講義を行ってきたが、本書は、その講義録に基づいて書かれたものである。したがって、毎回 90 分程の講義で一つのまとまったトピックになるように書かれており、必ずしも本書全体が理路整然と体系的に構成されたものではない。とはいっても、各章が全く独立しているわけでもなく、前に述べた内容に基づいて、後の章が展開されているということも多々あるので、できれば順を追って読んでいただければありがたい。

　本書を通じて、可能な限り平易な説明を心掛けたが、多少専門的なところもあり、浅学故に言葉の足らないところもあるかと思うが、参考書等で補足していただければ幸いである。

　本書の出版を勧めてくださった東京都立大学の中島平三先生に心より感謝申し上げたい。また、ひつじ書房の松本功氏、但野真理氏には、編集・校正を通して大変お世話になった。また、筆者の講義に出席し、草稿を丁寧に読んでくださった福留直美さん、佐藤桐子さんからも貴重な助言をいただいた。厚くお礼を申し上げる。

1996 年 8 月

著者

ix

目次

改訂版の序   iii

初版のはしがき   v

第 1 章　はじめに   1

□英語史とは―内面史と外面史　　□英語内面史の目標

第 2 章　英語史の概観   3

□ 3 期にわたる民族の侵入―混血の英語

□ケルト族(The Celts)とアングロサクソンの衝突

□英語の時代区分―OE, ME, EModE, PE　　□時代区分の内面史的根拠

第 3 章　印欧祖語(西アジア・ヨーロッパの言語のルーツ)   13

□比較言語学―言語の歴史研究の始まり

3.1　印欧語系統図   14

3.2　グリムの法則   17

第 4 章　古英語の文献・特殊文字   23

†参考：OE のサンプル   25

第 5 章　古英語の豊富な語尾変化(1)名詞他―「格」を中心に　31

5.1　名詞の屈折(語尾変化)　31

5.1.1　文や句の意味は何によって決まるか―「格」の定義とその種類　31

5.1.2　格の名前　35

5.1.3　格を表す形式(道具)―日本語と現代英語　36

5.1.4　古英語の格を表す「道具」―語尾変化　38

5.1.5　現代英語の名詞の単純な語尾変化　39

5.1.6　古英語の名詞の複雑な語尾変化　39

5.1.7　古英語の変化表から―現代英語にみられる化石(fossilized form)　42

5.1.8　現代英語だけではみえない規則性―ウムラウト(umlaut)複数　43

5.1.9　二重複数(double plural)―異分析　46

5.2　定冠詞(指示代名詞)の変化　47

□もう一つの格―具格

5.3　疑問(代名)詞の変化　53

5.4　人称代名詞の変化　54

□3人称複数代名詞の化石

5.5　形容詞の二つの変化表　59

第 6 章　北欧人(デーン人)の侵入と英語　63

□アルフレッド大王と北欧人の侵入　　□ピジン化・二重語・閉鎖類の借用

第 7 章　古英語の豊富な語尾変化(2)動詞―「法」を中心に　71

7.1　現代英語の動詞(定形)の屈折　71

7.2　法とは何か　72

□法を表現する形式(道具)

目次　xi

7.3　直説法と仮定法　74

□現代英語で法を認める立場(1)―直説法と仮定法

□現代英語で法を認めない立場(2)　□仮定法の化石

7.4　命令法　78

□現代英語には認められない命令法　□古英語に命令法はあるか

第 8 章　「豊富な語尾変化」のまとめ―総合的言語から分析的な言語へ　83

第 9 章　ノルマン人の征服(1066 年)と英語　85

□ノルマン人の征服―英語の危機　□英語の復活とフランス語の衰退

†参考：ME のサンプル　89

第 10 章　多義の回避―語順変化(SOV > SVO)　93

□古英語の基本語順　□主格と対格の区別　□話題化規則

第 11 章　語順変化と知覚―外置構文の歴史　101

□文法と知覚　□中央埋め込みと接続詞の並列　□外置構文の歴史

第 12 章　分極の仮説―規則と例外　109

□規則と例外の習得―大規則と小規則　□名詞の複数形を造る規則

□受動態規則　□否定辞繰上げ規則と Tough 移動規則

□疑問文・否定文の do の発達

xii

第13章　綴りと発音の不一致　　119

□大母音推移(Great Vowel Shift)　　□語源的綴り字(Etymological Spelling)
□発音と無関係に起こった綴りの変化

第14章　名詞起源の非定形─不定詞と動名詞　　125

□不定詞のマーカー to ─ to 不定詞の起源　　□現代英語の動名詞
□動名詞の歴史的発達─名詞的性質から動詞的性質の獲得
□現在分詞の影響

第15章　異分析仮説　　133

□語の異分析─apron の起源　　□構文レベルの異分析─主語を伴う不定詞

第16章　見逃しやすい「外」の環境─動名詞の発達の起点　　141

□動名詞の発達の起点　　□現在分詞と ING 名詞の意味的接点

略語表・作品略語表　　147
参考書目　　149
INDEX　　151

第1章　はじめに

❀ 英語史とは―内面史と外面史

　英語史といえば、英語の「ことばの中身」の歴史を真っ先に思い浮かべるが、「ことばの外側」の歴史、つまり、そのことばを取り巻く人間・社会の歴史も重要であることはいうまでもない。ことばが人間によって使用されている限り、ことばの歴史は、社会の歴史を抜きにしては語ることはできないからである。以後、「ことばの中身」の歴史を**内面史**（internal history）、「ことばの外側」の歴史を**外面史**（external history）と呼ぶことにする。したがって、本書では英語の内面史と同時に、自動的に外面史、すなわち、イギリス史（英国史）も含めて考えることになる。日本語史であれば、我々は多少なりとも日本史を学んでいるので、いきなり内面史の話を始めればよいのだが、英語史の場合は、そうはいかない。イギリス史はおろか、西洋史の基礎さえおぼつかない人もいよう。しかし、そうはいっても、**本書の基本的な興味は、英語の内面史にある**のであって、外面史については、内面史との関連で必要最小限にみていくことにする。

❀ 英語内面史の目標

　内面史をことばの中身の歴史と定義したが、「ことばの中身」とは一体何なのか。「ことば」というのも厳密に定義すると難しくなるが、ここでは、とりあえず、単純に考えておく。いちばん小さな単位としては、「音」、「文字」のようなものから始めて、さらに、「(単)語」、「句」、「節」、さらに大きくすると、「文」というような一般的に使われるものを念頭におけばよい。したがって、内面史とは、おおまかには、英語がもつ音、文字、語、句、

節、文等の構造や意味がどのように歴史的に変化してきたか、という問題を扱う分野ということになる。なお、「ことば」を研究対象とする、言語学では、これらの語、句、節、文といったような用語を含めて、様々な概念・用語が厳密に定義された上で使われるが、本書では、可能な限り一般的な用語で記述することを心掛ける。

英語史の内面史でもう一つ大事なことは、「ことばの変化」を記述することにとどまらず、なぜ、そのように「ことば」が変化したかを考察して、それに説明を与えることである。この説明というのは、言語学の様々な道具立てが必要となり、かなりレベルの高い目標ではあるが、本書では、その道具立てをできる限り平易なことばで述べ、説明というものがどのようになされるかをみることによって、読者が、今後、英語史や言語学へのさらなる興味をかきたてられるように心掛けたつもりである。特に、後半の10章からは、そのような視点から書かれている。

第 2 章　英語史の概観

　この章では、英語の成立を理解する上でもっとも基本的な外面史の概略、特に、これまでのほぼ 1,500 年の歴史を駆け足でみることにする。英語の成立の歴史において、特筆すべき歴史的事件は数多くあるが、一言で要約すれば、**「英語は 3 期にわたる民族の侵入によって形成された」**といってよい。以下、聞き慣れないヨーロッパの民族や言語の名前が多くでてくるが、最小限に止めてあり、かつ、この本書全体を通じて重要なものばかりなので、是非、覚えてほしい。詳細な外面史は後でもまた触れるので、ここでは大きな流れだけをイメージしてほしい。

✂ 3 期にわたる民族の侵入―混血の英語

　最初の侵入は、5 世紀半ばに、当時、現在のデンマーク・オランダ・ドイツの北部海岸地帯に住んでいたアングル(Angles)、サクソン(Saxons)、ジュート(Jutes)、フリジアン(Frisians)と呼ばれるゲルマン小部族(以下、2 部族の名を取って**アングロサクソン(Anglo-Saxon)**と呼ぶ。ゲルマン族については後述)が、肥沃な土地を求めてブリテン島にわたってきた事件である。そのときに、彼らが、現在の英語のルーツになる言葉(この言語は後で触れるが**古英語(Old English、以下 OE)**と呼ばれる)をもたらしたのが、英語の歴史の始まりといってよい。English という名前は、これらの侵入者の一小部族、アングル(English < OE Englisc 'the language of the Angles')に由来する。(なお、本書では以下、X> は「X に由来する」を、>X は「X へと変化した」を意味する。したがって、A<B は「A は B に由来する」ないしは、「B が A に変化した」という意味で、A>B はその逆を意味する。)

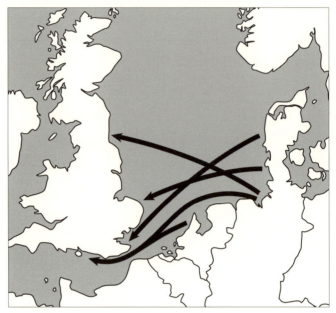

図1　アングロサクソンの侵入

　第2に、8世紀−11世紀にかけて**北欧人**(北欧のゲルマン人でVikings、Scandinavians、Danesなどとも呼ばれる)がブリテン島に侵入、そして定住した。その際、北欧人が使用していた言語は**古北欧(古ノルド)語**(**Old Norse**、以下、**ON**)と呼ばれる。

　最後に、これはイギリス史上最大の事件ともいわれるので、知っている読者も多いと思うが、1066年に、イギリスが、フランス北部にいた貴族(ノルマン人)達に王権を奪われるという大事件が起こった。これがいわゆる**ノルマン人の征服**(**Norman Conquest**)である。その際、征服民が話していたのは**ノルマンフランス語**(**Norman French**)と呼ばれるフランス語であった。

　したがって、英語というのは、大まかにいえば、古英語を源流として、途中で古北欧語・フランス語の影響を受けた「混血の言葉」といえる。この3者の関係は対等なものではなく、複雑であるが後でやや詳しく触れるので、

ここでは英語が混血言語として成立したというイメージをつかんでほしい。(なお、後に触れるルネッサンス(1500–1650年)の頃に大量のラテン語が英語に入ってくるので、もう一本、後ろに「血」を合流させてもよいかもしれない。ただ、ラテン語はフランス語の祖語でもあるから、その意味では、「一本」にまとめてもよいかもしれない。)

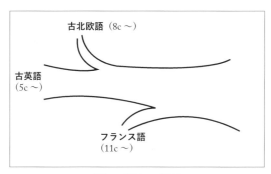

図 2　混血の英語

✂ ケルト族(The Celts)とアングロサクソンの衝突

　英語の歴史が、5世紀半ばにゲルマン小部族がブリテン島へ侵入したことで始まったということを既に述べたが、その時にブリテン島は無人島であったかというと、そうではない。すでに先住民族がいたのである。アングロサクソンよりはるか前に大陸からわたっていたこの民族はケルト族とかブリテン人と呼ばれ、言語的には英語の属するゲルマン系言語と全く異なるケルト系言語に属している(詳細は次章参照)。そのためか、このケルト人のケルト語は、英語に、さほど強い影響を残しておらず、英語史的には、上の図2に書き込まれていないことからわかるように、重要視されないが、現在のイギリス社会や文化を理解する上では、極めて基本的なことなので、少し触れることにする。

　5世紀のアングロサクソン侵入の後、ケルト人は戦闘を続けながら、図3のように、北、西、あるいは、海峡を越えて南に逃げて行った。

図3　ケルト族の離反

　ここで矢印の先の地名を思い起こしてほしい。①スコットランド(Scotland)②アイルランド(Ireland)③ウエールズ(Wales)はよく知られているのでできたと思う。(④はコーンワル(Cornwall、現在はイングランドに属す)⑤はブルターニュ(Brittany、現在はフランスに属す)と呼ばれる。)ところで、現在イギリスと呼ばれている国の正式な名称は United Kingdom of Great Britain and Northern Ireland であるが、Great Britain はさらに、England、Scotland、Wales という地区からなっている。つまり、England と呼ばれる中枢的な地区が、1,500年前にアングロサクソンが占領したところで、それ以外の地区は、戦いに敗れたケルト人が散らばって、定住したところなのである(なお、両者の対立の構図は地名ウエールズの語源にも端的に反映されている。その地名は古英語の wealas 'foreigners' に由来する。すなわち、征服したゲルマン部族からみてケルト人は「よそもの」だったのである)。

現代のイギリスで、スコットランドがイングランドとは独立した法律制度をもっていること（2014年にスコットランドが独立国家として誕生する案が住民投票で否決されたことは記憶に新しい）、また、BBCで英語とウエールズ語の二ヶ国語によるニュース放送をしていること、北アイルランドでの宗教対立による衝突・テロ事件（北アイルランド紛争）などは、根底には、1,500年前のこのアングロサクソン対ケルト族の状況が背景になっていることを忘れてはならない。

✄ 英語の時代区分―OE, ME, EModE, PE

英語に限らずいかなる言語もその歴史は実質的には区切りのない連続体であり、ある時期に突然その様相を変えるというようなことはない。だが、変化・歴史を論ずる時の便宜を考えて、外面史と内面史の両方の観点から、いくつかの時期に区分する慣習が確立されている。

まず、外面史の観点から時代区分をみてみよう。

［1］　OE：450–1100年

　　先に述べたように、英語のルーツが初めてイギリスにもたらされたのは5世紀半ばであるが、そこから1100年頃までの英語を**古英語（Old English, OE）**と呼ぶ。したがって、OEは先に述べた3民族の侵入の最後の侵入（ノルマン人の征服）を終えた頃までの英語ということになる。この時期の英語を残した代表的人物は**アルフレッド大王（849–899）**である。

［2］　ME：1100–1500年

　　ノルマン人の征服後の1100年から1500年頃までの英語を**中英語（Middle English, ME）**と呼ぶ。この時期を代表する人は、「英詩の父」と呼ばれる、『カンタベリー物語（*The Canterbury Tales*）』の作者、**チョーサー（Geoffrey Chaucer, c.1343–1400）**である。この時期の末1476年に

キャクストン(William Caxton, c.1422–1491)がロンドンに印刷所を開設した。これによって、OE からこの時期まで手書き(**写本(manuscript)**)の時代だったのが、活字本の時代へ移行したことも忘れてはならない。

［3］ EModE：1500–1700 年

1500 年から 1900 年までの英語を近代英語(Modern English, ModE)と呼ぶが、1700 年ぐらいになると、今日の英語にだいぶ近くなるので、英語史では、前半、即ち、1500 年から 1700 年までの英語が重要である。その時期の英語を**初期近代英語(Early Modern English, EModE)**と呼ぶ。いうまでもなく**シェイクスピア(William Shakespeare,** 1564–1616)の英語はこの時期に書かれている。初めて国家の事業として翻訳された聖書として知られる、欽定訳聖書(Authorized Version)もこの時期に書かれた。たくさんのギリシャ・ラテンの語彙が英語に導入されるきっかけとなった、ルネッサンス(1500–1650 年)や、英語がいよいよ世界へ進出することになる、アメリカへの植民が始まったのもこの時期(17 世紀)である(なお、1700 年から 1900 年の英語は後期近代英語(Late Modern English)と呼ばれる)。

［4］ PE：20–21 世紀

今日(20-21 世紀)の英語は**現代英語(Present-day English, New English, Contemporary English)**などと呼ばれるが、本書では略号 PE を用いることにする。

⌘ 時代区分の内面史的根拠

次に、内面史の観点から、即ち、英語の変化という点から、上記の区分をみる。詳細は次章からのトピックになるのでそこに譲るが、大まかに述べると 1100 年と 1500 年に大きな区切りを入れたわけは、名詞や動詞などの語尾変化(例えば、名詞の複数の -s や動詞の 3 人称単数現在の -s などで、**屈**

折(inflection)と呼ばれる現象)の変遷があったからである。1100年までのOE期は、語尾変化が「**豊富(多種多様)にあった(full ending)**」時代で、続く1500年までのME期は語尾変化が「**水平化(一つにまとめられた)された(levelled ending)**」時代、1500年以後は語尾変化が「**消失した(lost ending)**」時代である。

　また、1500年で区切るもう一つの内面史的理由は、これを境にして、英語の長い母音(簡単にいえば [aː, iː, uː, eː, oː] など)の発音が大きく変わったためである。つまり、チョーサーとシェイクスピアは互いに異なる長母音の発音をしていたことになる。これは、**大母音推移(Great Vowel Shift)**と呼ばれる英語史上最もスケールの大きな音変化で、詳細は13章で述べることにする。

　以上の時代区分とその背景は、英語史の最も基本的な知識の一つなので、次の年表にまとめてみた。英語史の大きな流れをイメージとしてつかんでほしい。

年表	外面史	英語の時代区分	内面史	英語と関わる代表的人物
449年	アングロサクソンの侵入	450年		
8世紀後半	北欧人の侵入始まる (11世紀半ばまで)	古英語 OE	豊富な語尾 full ending	アルフレッド大王 (849-899)
1066年	ノルマン人の征服	1100年 中英語 ME	水平化する語尾 levelled ending	チョーサー (c.1343-1400)
1476年 1500年	印刷所の開設 英国ルネッサンス始まる (1650年まで)	1500年 初期近代英語 EModE	大母音推移 (14世紀-18世紀)	シェイクスピア (1564-1616)
1607年 1611年	アメリカへの入植始まる 欽定訳聖書出版	1700年 近代英語 ModE	消失した語尾 lost ending	
		1900年 現在 現代英語 PE		

図4 英語史簡略年表

第 2 章　英語史の概観　11

練習問題

1. 本章でブリテン島の先住民であるケルト族のことについて簡単に触れたが、紀元前 55 年ころから、アングロサクソンが侵入する 5 世紀半ばまで、ブリテン島の中でどういうことが起こっていたか、また、その頃に人々がどんな言語を使用していたかについて調べなさい。さらに、その頃に使われていたとされる語で、いまだに現代英語に日常語として残っているものをいくつか調べなさい。（ヒント：ローマの占領時代(55 BC–410 AD)）

課題

1. キリスト教がブリテン島に伝わった時期について調べ、それが現代英語の語彙に与えた影響についても調べなさい。（文字への影響については 4 章参照。）

第3章　印欧祖語（西アジア・ヨーロッパの
　　　　言語のルーツ）

　前章で5世紀以後の英語史の大きな流れについて把握できたと思うが、本題のOEの話に入る前に、5世紀以前、あるいはもっと遡って紀元前の言語の歴史について簡単に触れておく。英語の歴史を学ぶ前に、言語の歴史的研究がどのような形で始められたかということについて知っておく必要がある。

✄ 比較言語学─言語の歴史研究の始まり
　ヨーロッパの人達は互いに行き来をしているうちに、自分達の言語が何となく似ているというような感覚はずっと以前からもっていたのであろう。だが、本格的にそれを追究し始めたのは18世紀になってからである。

　イギリスがまだインドを植民地としていた頃に、ウイリアム・ジョーンズ（William Jones, 1746-94）というイギリス人の判事がカルカッタに駐在していた。彼は、そこでインド古代の法典を調査していたのだが、そのインドの古典語サンスクリット（Sanskrit）が、彼が精通していたギリシャ語やラテン語、そして母語の英語と似ていることに気づいた（1786年に発表）。これがきっかけとなって、その後ヨーロッパやそれに接するアジアの言語のルーツの解明に興味が持たれるようになった。そのようにして始まった学問を**比較文法・比較言語学**（comparative linguistics）といい、それは19世紀から20世紀初頭にかけて言語学の主流であった。

　この比較言語学が明らかにしたことがらで、以下、英語史と関連するところを2点だけ取りあげることにする。

3.1 印欧語系統図

　比較言語学では、現在のヨーロッパや西アジアの言語が、大昔 BC6000–BC4500 年頃には共通の一つの祖先言語(祖語)をもっていて、それが分かれて様々な現在の言語に発達していったという仮説を立てた。そのルーツになる言語には、諸説があるが、ある説では、ウラル山脈ステップ地帯、ないしはドニエプル川下流地域にいた民族によって使用されていたと考えられ、その民族が BC3500–BC2500 年頃から、図 5 のように東西南北に移動を開始し、共通の言語から様々な言語に分かれていったという仮説を立てたのである。この仮説上の祖語を**印欧祖語(Proto-Indo-European, PIE)**と呼ぶ。現在、実際に使われている言語が PIE からどのように分かれていったのか、図 6 をみながら確認してほしい。英語史で特に重要なところは太字で示してあるが、2 章の復習もかねて、少なくとも下記の点だけは全て確認してほしい。

（ⅰ）英語がゲルマン語—西ゲルマン語(West Germanic)—低地ドイツ語—アングロ・フリージア語に由来すること。

（ⅱ）ケルト語(ウェールズ語(Welsh)・ゲール語(Gaelic スコットランドの言語)が英語の系統とは異なること。

（ⅲ）ラテン語がフランス語の祖語であること。

（ⅳ）北欧人の言葉(古ノルド語(ON))が北ゲルマン語に属すこと。

（ⅴ）英語とドイツ語との関係は英語とフランス語との関係よりずっと近いということなど。

家系図でいえば自分(英語)からみて、その親、兄弟、祖父母、叔父叔母、従兄弟等に相当する太字の言語との距離をしっかりイメージしておいてほしい(なお、図 6 が示すように、現存する言語で、英語に最も近いのはフリジア語ということになるが、この言語はオランダ北部の州で 50 万人ほどの人々によって使われているオランダ語の「小さな」方言である)。

第3章　印欧祖語（西アジア・ヨーロッパの言語のルーツ）　15

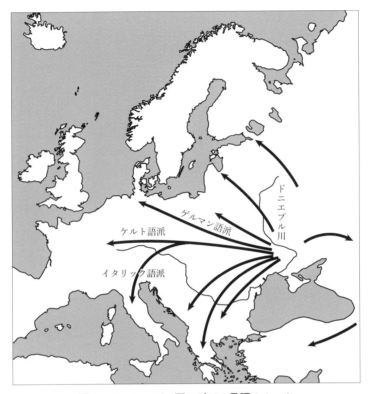

図5　ヨーロッパ・西アジアの言語のルーツ

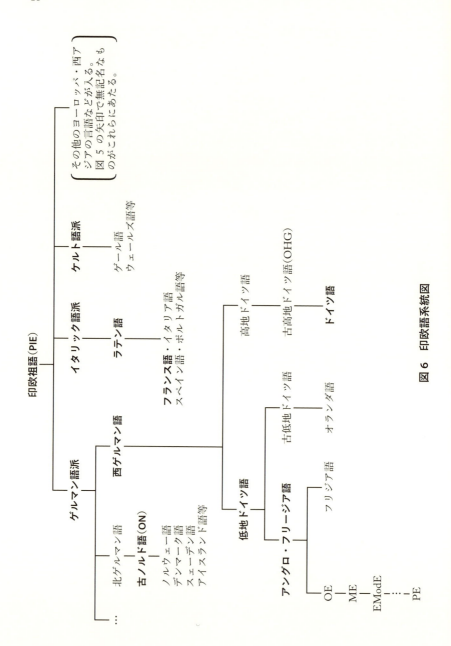

図 6　印欧語系統図

3.2 グリムの法則

　次に、比較言語学が明らかにしたことの2番目として、少々細かい事例を取りあげたい。以下の話は、英語以外にドイツ語やフランス語、ラテン語等を少しでも学んだことのある人には一層理解しやすいと思うが、英語のみの学習者でも十分に興味を覚えられる内容である。それは2章で述べたように英語がドイツ語と同様にゲルマン語から派生された言語であり、かつ、1066年のノルマン人の征服以降、フランス語・ラテン語から多くの語彙を採り入れたからである。

　19世紀に活躍した比較言語学者の中に、『グリム童話(ドイツの民話を集めたもの)』でよく知られている、グリム(Jakob Grimm, 1785–1863)がいる。彼は1822年に、上で述べた印欧祖語(PIE)とゲルマン(Germanic, Gmc)祖語との間に子音の対応関係があることを突き止めた。それを**グリムの法則(Grimm's Law)**という。この法則は二つの部分からなる。まず、PIEからGermanicに移行するとき(紀元前3–4世紀頃)に起こったとされる第1次推移からみる。

第1次推移：

PIE [p, t, k]　　　　→　　Gmc [f, θ, h(x)]
　　　　　　　　　　　　　　　　　(無声摩擦音)

　　 [b, d, g]　　　　→　　　 [p, t, k]
　　　　　　　　　　　　　　　　　(無声破裂音)

　　 [bh, dh, gh]　　 →　　　 [b, d, g]
　　 (帯気音)　　　　　　　　　　(有声破裂音)

この表が示すことは、紀元前3–4世紀頃に、PIEにおける矢印の左側の三つの音([ ]内の記号は発音記号とみなす)が、PIEの内ゲルマン語においてのみ、それぞれ、矢印の右側の三つの音に変化したということを示す。例えば、一段目の最初の音、PIEの[p]は、ゲルマン語では[f]に変わったこと

18

になる。他方、ゲルマン語に属さない、ラテン語やその子孫の一つであるフランス語では、この規則を受けないから PIE の音 [p] のままということになる。したがって、この法則の正しさを確認するためには、この変化を受けた英単語と、それを受けなかったラテン語・フランス語の当該の音を含む単語のペアを対比すればよいことになる。早速、一段目の三つの音だけ、確認してみよう。

[p-f] ラテン語 pater (フランス語 père [pɛːr])「父親」　英語 father
[t-θ] ラテン語 tres (フランス語 trois [trwɑ])「3」　　　英語 three
[k-h] ラテン語 centum [kentum]「ケントゥム」「100」 英語 hund(red)
(OE で「100」は hund である)

なお、上のラテン語・フランス語を知らなくても、前に述べたように、英語の中にラテン語・フランス語が借入されているから、その観点からも「間接的な確認」はできる。例えば、「父(方)の」「三角」「100 年(世紀)」を意味する英語に paternal、triangle、century(但し、語頭の [s] 音については練習問題 1 参照)があるからである。

　次に、グリムの法則の第 2 次推移をみる。これは、ドイツ語を学んでいない人には理解しにくい話になるが、ただ、図 6 で英語とドイツ語との関係が近いことをみたので、その復習の意味で理解してほしい。第 1 次推移を受けたゲルマン語のうち、古高地ドイツ語(Old High German, OHG：現在の標準ドイツ語の祖語にあたる)のみが下記の変化を 6 世紀頃に受けたと考えられている。それが第 2 次推移である。

第 2 次推移：
Gmc [f,　θ,　h(x)]　→　　OHG [b,　　d,　　g]
　　　[p,　t,　k]　　→　　　　　[f(pf),　s(ts),　x]
　　　[b,　d,　g]　　→　　　　　[p,　　t,　　k]

第 3 章　印欧祖語(西アジア・ヨーロッパの言語のルーツ)　19

　表の見方は第 1 次推移と全く同じで、ゲルマン祖語の子音が OHG での
み矢印の右側の音にそれぞれ変化したということである。したがって、現在
のドイツ語の音が矢印の右側で、英語やオランダ語のような、低地ドイツ語
(英語のルーツと呼べるものをイギリスにもたらしたゲルマン小部族が大陸
の**海岸地帯(低地)**に住んでいたこと(2 章参照)を思い起こしてほしい)に属
する言語はこの変化を受けなかったわけで、左側の音にとどまっていること
になる。つまり、この法則の正しさを確認するためには、この変化を受けた
ドイツ語と受けなかった英語で当該の子音を含む語のペアを対比すればよい
ことになる。ここでは、二段目の三つの音だけ確認してみよう。

[p] 英語	pipe	[(p)f] ドイツ語	Pfeife	[pfáɪfə]
	sleep		schlafen	[ʃlá:fən]
[t] 英語	ten	[(t)z] ドイツ語	zehn	[tsé:n]
	to		zu	[tsú:]
[k] 英語	book	[x] ドイツ語	Buch	[bú:x]

ドイツ語を学んでいる人は特に、単語が英語に似ていることは強く感ずると
ころであるが、微妙な発音の違いはこのような音変化が関与していることが
理解できたものと思う。英語とドイツ語の類似については、次章から取りあ
げる OE の文法の仕組みのところでも、全く同様なことがいえるが、それ
も、2 章で述べた、英語の歴史のスタートを思い起こせば、驚くに値しない
ことである。

練習問題

1. a.　次の単語はいずれもラテン語・フランス語・ギリシャ語などから
　　借用された英単語である。**グリムの法則を参考にして**、下線部に
　　相当する英語本来語を示しなさい。(すべての子音が法則にかか

わるわけではないこと、**単語の意味も**答えを引き出すヒントになることに注意。)

(1)　paternal
(2)　duet, duel, dual
(3)　triangle, triple
(4)　cordial, cardiogram
(5)　pedestrian, pedicure, pedal
(6)　decade, decimal, December, deciliter
(7)　dentist, dental

b.　以下は問題(a)と同様だが、少し難しい問題である。それが難しいのは、答えになる英語本来語が基本的であっても、その中に含まれる綴り字の一部が現在は**黙字**(mute: 昔は発音されていたのに、現在は発音されない綴り字)になっているため、グリムの法則に当てはまることがわかりにくいからである。あるいは、問題の単語自体が一般的でない(基本語でない)ために難しいものも含まれる。後者の場合は意味を辞書で調べ、そのうえで解答をみつけなさい。

(8)　agriculture
(9)　edible
(10)　tenuous
(11)　genuflect
(12)　genocide
(13)　octopus, octave, October
(14)　nepotism
(15)　unicorn

第 3 章　印欧祖語(西アジア・ヨーロッパの言語のルーツ)　21

(16)　paucity, paucal

c.　American English、British English などのように世界のある地域
で話されている英語の変種の一つに Antipodean English というの
がある。それはどこの国・地域で使われている英語のことであろ
うか。**辞書を引かずに**答えなさい(ヒント:下線部 pod は上の問
題 1. a. (5)の ped の解答と同じである(ギリシャ語版))。

23

第4章　古英語の文献・特殊文字

†参考：OE のサンプル

　古英語の文法の仕組みの話に入る前に、文献とアルファベットについて簡単に述べておく。

　2 章で OE の時代区分を 450 年 –1100 年といったが、実際に残っている資料は 7 世紀あたりからで、その意味では 700 年 –1100 年といった方が正確かもしれない。残されている文献の数も量もそれほど多くはなく、語数で 200 万語程度である。文献については比較的よく知られているものを下にあげておく。

［1］　「ベオウルフ(*Beowulf*)」：OE の代表的な叙事詩。この詩が書かれたのは 750 年頃と推定されているが、現存の写本は 10 世紀と考えられている。

［2］　修道士ビード(Bede, c.673–735)が 731 年にラテン語で書いた『英国民教史(*Historia Ecclesiastica Gentis Anglorum* 'The Ecclesiastical History of the English People')』をアルフレッドの時代に英訳したもの。ジュリアスシーザーのイギリスへの侵攻(紀元前 55 年)から 730 年頃までの歴史を描いたもの。

［3］　『アングロサクソン年代記(*Anglo-Saxon Chronicle*)』：アルフレッド大王(King Alfred, 849–899)が編纂を始めた歴史書(現存の写本では 1154 年までの記述がある)。アルフレッドはさらにラテン語の著作を当時の英語に翻訳したものをいくつか残している。

［4］　アルフリック(Ælfric, 955–1010)という 10 世紀の学僧による説教集を中心にした著作。

24

　なお、OE 期は等質な標準語があったわけではなく、いくつかの異なる方言があったが、多くの資料を残しているのはアルフレッドが用いた West Saxon 方言による文献である。

　OE のアルファベットについては、これから引用される例文の理解を助けるために、いくつか注意すべきことがある。ブリテン島に渡ったアングロサクソンは、現在使われている 26 字のローマンアルファベット（Roman Alphabet）をそのまま使っていたわけではない。彼らは、大陸から持ち込んだルーン文字（Rune Alphabet）と呼ばれるものを使っていたが、6 世紀にキリスト教が伝わってからローマンアルファベットを導入し、ルーン文字はその一部のみが残った。アルファベットは表音文字であるから、OE の発音をローマ字で表せる場合はそのまま使ったわけだが、いくつかの発音についてはローマ字で表せないのがあって、その場合、ルーン文字を使ったり、ローマ字を少し変えて使ったりした。OE 期中に見られるルーン文字と改良文字の主なものを以下にあげる。

［1］　<þ> 'thorn' [θɔːrn] と呼ばれるルーン文字。PE の <th> の綴りに相当し、[θ] や [ð] の音を表す。
［2］　<æ> 'ash' [æʃ] と呼ばれる <a> と <e> を組み合わせた「抱き字」。
［3］　<ð> 'eth' [eð] と呼ばれる <d> に改良を加えた文字。'thorn' と同様、<th> の綴りに相当し、[θ] や [ð] の音を表す。

　この他にもいくつか特殊な文字があるが、上の三つについては特によく使われるので覚えてほしい（特に <þ> は ME においてもまだ使われた）。なお、古英語の読み方（発音）については基本的にはローマ字式に読めば良いが、詳細はここでは触れないことにする。

　参考のために、OE で書かれたアルフリックの「聖エドモンド伝」の一部を以下にあげておく。とりあえず、特殊文字を確認してほしい。

† 参考：OE のサンプル

Eadmund se eadiga, Eastengla cynincg, wæs snotor and [1]
wurðful and wurðode symble mid æþelum þeawum þone
ælmihtigan God. He wæs eadmod and geþungen and swa
anræde þurhwunode þæt he nolde abugan to bysmorfullum
leahtrum, ne on naþre healfe he ne ahylde his þeawas, ac wæs [5]
symble gemyndig þære soþan lare, 'þu eart to heafodmen
geset? ne ahefe þu ðe, ac beo betwux mannum swa swa an man
of him.' He wæs cystig wædlum and wydewum swa swa fæder
and ... gesæliglice leofode on soþan geleafan.

Hit gelamp ða æt nextan þæt þa Deniscan leode ferdon mid [10]
sciphere hergiende and sleande wide geond land swa swa
heora gewuna is. On þam flotan wæron þa fyrmestan
heafodmen Hinguar and Hubba, geanlæhte þurh deofol, and hi
on Norðhymbra lande gelendon mid æscum and aweston þæt
land and þa leoda ofslogon. ... Hinguar þa becom to Eastenglum [15]
rowende, on þam geare þe Ælfred æðelincg an and twentig
geare wæs, se þe Westsexena cynincg siþþan wearð mære; and
se foresæda Hinguar færlice swa swa wulf on lande bestalcode
and þa leode ofsloh, wæras and wif and þa unwittigan cild, and
to bysmore tucode þa bilewitan cristenan.   [20]

(G. I. Needham (ed.) 1976. *Ælfric's Lives of Three Saints.*
University of Exeter Press, pp. 43–44.)

[注]

[1] **se**=the, **eadiga**=blessed, **Eastengla**=of the East Angles, of East Anglia(図 7 参照), **cynincg**=king, **wæs**=was, **snotor**=wise

[2] **wurðful**=estimable, **wurðode**=respected, symble=**always**, **mid**=with, by, **æþelum**=noble, **þeawum**=conduct, **þone**=the

[3] **ælmihtigan**=almighty, **eadmod**=humble, **geþungen**=virtuous, **swa**=so

[4] **anræde**=steadfast, **þurhwunode**=continued, **þæt**=that, **nolde**=would not (<ne wolde), **abugan**=submit, **bysmorfullum**= shameful

[5] **leahtrum**=sin, **ne**=not, nor, **naþre**=neither, **healfe**=half, side, **ahylde**=bend, **þeawas**=conducts, **ac**=but

[6] **gemyndig**=mindful, **þære**=the, **soþan**=true, **lare**=teaching, **þu**=you, **eart**=are, **heafodmen**=headman, ruler

[7] **geset**=appointed, **ahefe**=exalt, **ðe**=you, yourself, **beo**=be, **betwux**=between, among, **mannum**=men, **swa swa**=as, **an**=a, one

[8] **him**=them, **cystig**=generous, **wædlum**=to the poor, **wydewum**=to widows, **swa swa**=like, as, **fæder**=father

[9] **gesæliglice**=happily, **leofode**=lived, **on**=in, **geleafan**=faith

[10] **Hit**=it, **gelamp**=happened, **ða**=then, **æt nextan**=finally, **þæt**=that, **þa**=the, those, **Deniscan**=Danish(2 章参照), **leode**=people, **ferdon**=went, came, **mid**=with

[11] **sciphere**=pirate force, **hergiende**=destroying, **sleande**=striking, **wide**=widely, **geond**=throughout, **swa swa**=as

[12] **heora**=their, **gewuna**=custom, **On**=in([16] も同様), **þam**=the, that, **flotan**=fleet, **wæron**=were, **fyrmestan**=leading

[13] **Hinguar and Hubba**=海賊の名前, **geanlæhte**=united, **þurh**=by, **deofol**=devil, **hi**=they

第4章　古英語の文献・特殊文字　27

[14] **Norðhymbra**=(of) Northumbria(図7参照), **lande**=land, **gelendon**=landed, **æscum**=warships, **aweston**=laid waste, ravaged, **þæt**=the, that

[15] **leoda**=people, **ofslogon**=slew, **þa**=then, **becom**=came, **Eastenglum** = East Anglia

[16] **rowende**=rowing, sailing, **geare**=year, **þe**=that, in which(無屈折 の関係詞), **Ælfred** = Alfred the Great(2・4・6章参照), **æðelincg**=prince, **an and twentig**=one and twenty (twenty-one)

[17] **geare**=years (old), **se þe**=who, **Westsexena**=(of) the West Saxons, (of) Wessex(図7参照), **cynincg**=king, **siþþan**=later, afterwards, **wearð**=became, **mære**=glorious

[18] **foresæda**=mentioned earlier, **færlice**=suddenly, **swa swa**=like, **wulf**= wolf, **bestalcode**=crept stealthily

[19] **ofsloh**=slew, **wæras**=men, **wif**=women, **unwittigan**=innocent, **cild**= children

[20] **to bysmore tucode**=humiliated, **bilewitan**=innocent, **cristenan**= Christians

［現代語訳］

　The blessed Edmund, King of East Anglia, was wise and honourable, and by his noble conduct ever glorified Almighty God. He was humble and virtuous, and continued resolutely thus so that he would not submit to shameful sins; nor did he alter his conduct in any way, but was always mindful of that true teaching: 'You are appointed ruler? do not exalt yourself, but be amongst men as one of them.' He was as generous as a father to the poor and to widows, ... and lived happily in the true faith.

　Then eventually it happened that the Danish people came with a pirate force, harrying and slaying widely throughout the land, as their custom is. In that fleet, united by the devil, were the very important leaders Ivar and Ubbi; and they landed with warships in Northumbria, and wasted the land and slew the people. ... Then Ivar came sailing to East Anglia in the year in which prince Alfred (he who afterwards became the famous King of Wessex) was twenty-one years old; and the aforesaid Ivar abruptly stalked over the land like a wolf, and slew the people: men and women and the innocent children, and humiliated the honest Christians.

(M. Swanton (ed.) 1979. *Anglo-Saxon Prose*. Dent: London and Melbourne. p. 98.)

第 4 章　古英語の文献・特殊文字　29

練習問題

1. 図書館で、『オックスフォード英語辞典』(*The Oxford English Diction-ary*、以下、*OED*)—英語の辞書としては最大で最良のもの—をみつけ、wine という語を引き、どのような情報が記述されているかを報告せよ。(この *OED* は 1989 年に第 2 版が 20 巻本として、出版され、現在では多くの図書館で CD-ROM 版も利用できるようになっている。なお、*OED* は英語の歴史を知るための大切な情報源の一つでもあり、本書の練習問題でも、特に、単語に関するものについては、大いに活用してほしい。)

課題

1. *Sweet's Anglo-Saxon Primer*(1953 年、revised by Norman Davis)第 9版の p. 62 にある古英語で書かれた新約聖書マタイ 7 章 24–27 節を読んで、それと現代英語で書かれた聖書の同じ箇所とを見比べて、OE の綴りが現代英語と全く同じものだけでなく、異なっていても、現代英語に相当する語がわかるものをすべて(但し、名詞・動詞・形容詞のみ)を書き出しなさい。

第5章　古英語の豊富な語尾変化(1)名詞他
―「格」を中心に

　本章からいよいよ内面史、すなわち、古英語の文法の基本的な仕組みについての話に入る。ここで重要なことは、まず、OE の様々な品詞にみられる語尾変化が、PE のそれと較べて、いかに複雑で多様であったかを、品詞毎にみていくことによって、理解することにある。さらに、もう一つ重要なことは、OE における個々の複雑な語尾変化を暗記することではなく、その基本的な仕組みを理解しながら、現代英語の中に潜んでいる OE の特徴を見いだすことにある。言い換えれば、PE の中に、OE の特徴がわかって、初めて理解できるような現象がいくつかあるということである。

5.1　名詞の屈折(語尾変化)

5.1.1　文や句の意味は何によって決まるか―「格」の定義とその種類

　英文法でよく基本5文型というのを習うことがあるが、このことからも、文を構成する基本的な要素は主語(ないしは目的語)となる名詞と、動詞であることは明らかである。しかし、名詞と動詞さえ与えられると文の意味が一様に決まるかというとそうではない。

　文の意味はいったいどのように決まるのかという素朴な問いかけから、話を始めよう。まず単純な文の基本要素が1個の動詞(V)とそれに伴う、いくつかの名詞(N)からなることは容易に想像がつく。一番単純な自動詞の場合、次の(1)のように一つの動詞と一つの名詞で構成されている(以下では動詞の時制や、名詞につく冠詞や形容詞などの修飾語は無視してよい)。

（1）　N: John　太郎

32

V:　run　　走る

この場合は、この2語だけで出来上がる文のイメージは John runs.「太郎が走る」のように、一様に定まるので、その意味では、文の意味は「個々のNとVの意味」がわかれば成立するようにみえる。ところが、次のような二つの名詞と一つの他動詞を含む例はどうであろうか。

（2）　N_1: John　　太郎
　　　　N_2: Ken　　健
　　　　V:　hit　　殴る

この場合は「2個のNと1個のVの意味」がわかっても、それだけでは文の意味が決まらないことが容易にわかる。つまり、「誰が殴り」、「誰が殴られた」のかが決まらなければ、文の意味は定まらないということである。このままでは2とおりの文がイメージされる。そこで、次のように考えることにする。

　文の意味は、次の①と②によって決まる。
①それを構成する個々のNとVの意味情報
②個々のNがVの意味とどのように関わるかということに関する情報
（Vの意味との関連で、個々のNがどのような意味的な役割をもつかに関する情報）

これにしたがえば、（2）では「殴るという行為をする人」や「殴る行為を受ける」という役割を、それぞれどのNが担うかがわかれば文の意味が決まるということになる。ここで、②のような情報を以後、「格(case)」と呼ぶことにする。（1）と（2）で、すでに2種類の格が含まれていることになる。つまり、「走る」「殴る」という「行為をする」という格と、「殴る」という

「行為の対象」という格になる。2種類の格をそれぞれ太線と細線で表すと次のようになる。

（2'）では格の決め方によって2とおりの解釈が成立することがわかる。
　次に、第4文型(SVOO)のパタンの例をみてみよう。

（3）　｛John, Mary, book｝　｛send｝
　　　｛太郎，花子，本｝　｛送る｝

ここで、(1)(2)には含まれない新しい格が必要であることがわかる。「送るという行為をする人」「送るという行為の対象」に加えて、「その対象物を受け取る」という格である。5文型のいわゆる「間接目的語」という役割のことである。その格を担える名詞はN_1またはN_2であるので、それを点線で示してみる。

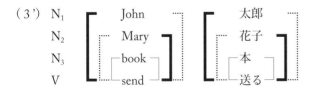

ここでも、格の決め方によって2とおりの解釈が成り立つことがわかる。

次に、三つの名詞と共起する動詞の例をみてみよう。

（4）　{ John, window, hammer }　{ break }
　　　{ 太郎,　　窓,　　金槌 }　{ 壊す }

この場合も、容易に一様の文のイメージを造ることができると思うが、ここでまた新たな格が必要になってくる。hammer「金槌」が break「壊す」という行為との関連でもつ格である。この格を破線で表してみる。

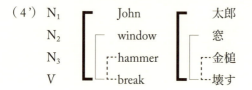

以上、(1)-(4)の比較的単純な文で、4種類の格があることが確認できた。
　ところで、「格」という概念を上記②のように動詞と名詞との関係でとらえてきたが、この概念をもう少し広げて、名詞と名詞との関係においても適用することがある。次の例をみてみよう。

（5）　N₁：　hospital　　病院
　　　N₂：　doctor　　　医者

(1)-(4)で「文」をイメージしたのと同様に、この二つの名詞を組み合わせて、今度は「フレーズ(句)」をイメージしてみよう。お気づきのように、「文」の場合と同様に、「句」の場合もそれを構成する語の意味だけでは、句の意味は一様には定まらないのである。すなわち「病院の医者」なのか「医者の病院」なのか、が不明である。
　(5)では「所有するもの」と「所有されるもの」という役割を、それぞれ

第5章 古英語の豊富な語尾変化(1)名詞他 35

どのNが担うかが決まらないと、句全体の意味は決まらないのである。(と同時に、(5)ではどちらのNが句全体の意味的な中心(**主要部(head)**)であるかを決めないと句全体の意味は決まらない。)そこで、5番目の格を二重線で表すことにする(□は主要部を示す)。

$$(5') \quad N_1 \qquad \begin{array}{|c|} \hline \text{hospital}\square \\ \square\text{doctor} \\ \hline \end{array} \quad \begin{array}{|c|} \hline \text{病院}\square \\ \square\text{医者} \\ \hline \end{array}$$

ここでは、格と主要部の決め方によって、2とおりの解釈が成り立つことがわかる。

以上、まとめると、次のようになる。

「文」や「句」の意味は、次の①と②によって決まる。
　①それを構成する個々のNとVの意味情報
　②個々のNがそれと共起するVやNの意味とどのように関わるかということに関する情報(VやNの意味との関連で、それらと共起する個々のNがどのような意味的な働きをしているかに関する情報)

②の情報を「格」と呼び、5種類の格があることをみた。

5.1.2 格の名前

前節で5種類の格(太線・細線・点線・破線・二重線)があることをみたが、それぞれの格の名称を確認する。動詞が表す行為をする人という役割((1)–(4)の太線)を担う格を**主格(nominative)**、(5')の所有する人(もの)の役割((5')の二重線)を担う格を**属格(genitive)**と呼ぶ。行為の対象となるものを受け取る役割((3')の点線)を担う格を**与格(dative)**と呼ぶ。行為の対象(行為を受けるもの)の役割((2')–(4')の細線)を担う格を**対格(accusative)**と呼ぶ。なお、(4')の破線で表されている格の名前は、5.2節で詳しく触れる

ので、ここではあえて触れないことにする。

1.　主格(nominative)　━━━━
2.　属格(genitive)　　═══════
3.　与格(dative)　　　················
4.　対格(accusative)　━━━━━
5.　？格(?)　　　　　- - - - - - -

(上の用語で、**対格、与格、属格**は多くの読者に馴染みがなく、ふつうはそれぞれ直接目的語、間接目的語、所有格という用語でなじむのかもしれないが、言語学、特に英語史を学ぶ場合の基本的な用語なので必ず覚えてほしい。ドイツ語文法を学んでいる人は、この三つの用語はそれぞれ4格、3格、2格と呼んでいたのを思い出すかもしれない。同じことを指すのになぜ用語の統一を図らないのか、苛立ちや疑問を感ずるかもしれない。筆者も同感ではあるが慣習というものは変えにくい。)

5.1.3　格を表す形式(道具)―日本語と現代英語

　格の名前を覚えたところで、次に、それぞれの格が日本語と現代英語でどのような仕組み(形式)で表されているかをみてみよう。まず、日本語では、主格はそれを担う詞の後ろに「が」、属格は「の」、与格は「に」、対格は「を」を置くことで表されている。それゆえに、「が・の・に・を」のような助詞は格助詞と呼ばれている。名前を付けていない5番目の格も「で」という格助詞で表される。

1.　太郎が走った。
2.　病院の医者　(医者の病院)
3.　太郎が花子に本を送った。
4.　太郎が健を殴った。

第 5 章　古英語の豊富な語尾変化 (1) 名詞他　37

5.　太郎が金槌で窓を壊した。

次に現代英語をみてみよう。

（ 6 ）　John hit Ken.
（ 7 ）　Ken hit John.

(6)(7)の違いでわかるように、主格と対格は日本語の助詞のように音形を伴う形は用いずに、動詞の前とか、動詞の後ろといったような位置（語順）で表されていることに気づく。動詞との相対的な位置が格のシグナルとなっているのである。

　次に属格であるが、

（ 8 ）　the doctor's hospital（the hospital of the doctor）
（ 9 ）？the hospital's doctor（the doctor of the hospital）
　　　　　　　　　　　［? は非文法的とまでは言えないが容認度がやや低いことを示す。］
(8)(9)のように 's や前置詞 of という道具を使う（(9)のように所有格が無生物(hospital)の場合に 's より of が好まれるが、's が使われることもある）。

　与格については、

(10)　John sent Mary a book.
(11)　John sent a book to Mary.

(10)のように SVO_1O_2 語順の 1 番目の O_1、すなわち、語順位置や、(11)のように to という前置詞で表される。5 番目の格については(12)のように with のような前置詞で表される。

(12)　John broke the window with a hammer.

以上、5つの格を表す「道具」をPEと日本語に分けてまとめてみる。

格を表す「道具」

格の種類	現代英語	日本語
主格	動詞の前位置	助詞「が」
属格(所有格)	語尾変化 's 前置詞 of	助詞「の」
与格(間接目的格)	SVOO の最初の O の位置 前置詞 to	助詞「に」
対格	動詞の後位置(直接目的格)	助詞「を」
?格	前置詞 with	助詞「で」

5.1.4 古英語の格を表す「道具」—語尾変化

前節で、格がPEや日本語でどのように表されるかをみたが、ここでOEについてみる。OEでは、基本的には四つの格が語尾変化によって示されていた。PEでは属格のみが他の格と区別されて語尾変化らしきもの('s)で示されるが、少なくとも名詞の場合は主格と対格の区別、対格と与格の区別などは語尾によっては区別されない。ところが、OEでは、「名前が」と「名前を」の区別はnamaとnamanによって、「石に」と「石を」の区別はstaneとstanといった具合に、語尾の違いによって区別された。大まかにいえば、OEでは、PEのようにSVOという語順は完全には確立していないため、語尾変化に頼る部分が多く、今だったら前置詞を使うようなところでも、語尾変化で表すことがあった。

(13) a. Ohthere sæde his hlaford*e* ...

   [=Ohthere said *to* his lord ...] (*King Alfred's Orosius* 13/29)

   b. and sona þa inn eode an *þæs* cyning*es* þegn*a* ...

   [=and then soon one *of* the king's retainers came in ...]

   (*Ælfric's Lives of Saints* 26.90-1)

第 5 章　古英語の豊富な語尾変化(1)名詞他　39

　言い換えれば、語順や前置詞に頼る部分が少ない分だけ、語尾変化に頼る
部分が多かったというのが OE の特徴である。

5.1.5　現代英語の名詞の単純な語尾変化

　PE の名詞活用語尾は、数(number)と格(case)によって決まる。数は｛単
数(singular)・複数(plural)｝の 2 とおり、格は｛属格・通格(common case)｝
の 2 とおりである。通格というのは属格以外の格をひっくるめて指す用語
で、ここに注目してほしい。PE では語尾変化に関しては 4 とおりの格をも
うける理由はなく、属格が -s で表し、それ以外は -ø(zero)で、上であげた
三つの格の間で、語尾が区別されることはいっさいないからである。そうす
ると、boy という名詞の語尾変化は数と格の組み合わせ(2 × 2)で、わずか
4 とおりになる。

(14)　　　　　属格　通格

　　　単数　boy's　boy

　　　複数　boys'　boys

形態的に(書き言葉として)は確かに 4 とおり('s、-ø、-s、s')だが、音声的に
(話言葉として)は、boy's、boys'、boys は同音なので、何と 2 とおりしかな
いことになる。PE は実に、簡単な仕組みをもっていることがこれでわか
る。

5.1.6　古英語の名詞の複雑な語尾変化

　OE の名詞活用語尾は、数と格と性(gender)によって決まる。ドイツ語・
フランス語等を学んでいる人はわかることだが、OE にも**文法上の性**という
のがあり、男性(masculine)・女性(feminine)・中性(neuter)名詞の区別に
よって異なる語尾変化をみせることがある。なお、個々の名詞がどの性に属
するかは、自然性とは無関係で、例えば、wif(=woman)は中性名詞、stan

40

(=stone) は男性といった具合で、個々の名詞毎に決まっている。OE ではさらに、やっかいなことに、**強変化・弱変化**という異なる語尾変化をもつ 2 種類の変化パタンがあって、これも性と同様に、個々の名詞毎にどちらの変化に属すかが決まっている。まとめると、数は PE 同様 2 とおり、格は 4 とおり、性が 3 とおり、それに加えて、強・弱変化の 2 とおりで、理屈の上では語尾の数は、2 × 4 × 3 × 2 = 48 とおりということになる。(なお、専門的な話になるが、強弱変化の名前は変化表の中に -es、-as のような耳に障る「強い音 [s] 音」が入るか、-an のような「弱い音」が入るかの違いで、Grimm(3.2 節参照)が名付けたものである。)これで、OE の名詞の語尾変化が PE のそれと較べていかに複雑であったかを仕組みの上では理解できたと思う。下に、OE の名詞変化表の代表的なパタン(**パラダイム(paradigm)**と呼ばれる)を 6 つ掲げておくので、複雑さを確認してほしい。この変化表をみるとわかるが、先ほど理論上 48 とおりと計算した語尾の種類は、実際には、-a、-as、-e、-es、... と書き出していくとわかるのだが、重複している部分がかなりあり、その分を差し引くことになるので、10 個ほどになる。いずれにしろ、PE と較べてはるかに複雑であることは容易に理解できる。

【OE の名詞変化表】

[1] 強変化　男性名詞：stan 'stone'

	単数	複数
主格	stan	stanas
属格	stanes	stana
与格	stane	stanum
対格	stan	stanas

[2] 強変化　中性名詞：scip 'ship'
hus 'house'

第5章　古英語の豊富な語尾変化(1)名詞他　41

	単数		複数	
主格	scip,	hus	scipu,	hus
属格	scipes,	huses	scipa,	husa
与格	scipe,	huse	scipum,	husum
対格	scip,	hus	scipu,	hus

［3］強変化　女性名詞：lufu 'love'

synn 'sin'

	単数		複数	
主格	lufe,	synn	lufa,	synna
属格	lufe,	synne	lufa,	synna(-ena)
与格	lufe,	synne	lufum,	synnum
対格	lufe,	synne	lufa,	synna

［4］弱変化　男性名詞：nama 'name'

	単数	複数
主格	nama,	naman
属格	naman,	namena
与格	naman,	namum
対格	naman,	naman

［5］弱変化　中性名詞：eage 'eye'

	単数	複数
主格	eage,	eagan
属格	eagan,	eagena
与格	eagan,	eagum
対格	eage,	eagan

［6］弱変化　女性名詞：sunne 'sun'

	単数	複数
主格	sunne,	sunnan
属格	sunnan,	sunnena
与格	sunnan,	sunnum
対格	sunnan,	sunnan

5.1.7　古英語の変化表から―現代英語にみられる化石（fossilized form）

　名詞の複雑な変化表の詳細については、OE のテキストを実際に読む場合にはある程度知っておく必要があるが、本書の目指すところではない。ただ、この表から、PE の事実に関して様々なことが読み取れる。まず、前にみた、PE にわずかに残る、複数の語尾 -(e)s と属格語尾の 's のルーツがここにみつかる。前者については強変化男性複数主格形を -as が、そうでありME で「水平化され」-es となり、現在に至っている。後者については、強変化男性と中性の単数属格形 -es が現在の 's のルーツである。OE の名詞総数の約 3 分の 1 が属していた強変化男性名詞の語尾が、後に消失していった他の語尾を凌ぎ、生き残ったようにもみえる。この表からさらに読み取れる、興味深いことが一つある。表中にみられる当時の特徴が、PE に「化石化」されて残っていることがあるので、その点には注意しておく必要がある。古くは生産的で、規則的であった形が、現代では例外的、不規則的であったり、あるいは、その「規則」すら全く意識されなくなっている例をここで「**化石（fossil）**」と呼ぶ。

［化石 1］　PE には、語幹に -(e)s をつける複数形の規則的パタンにしたがわない変則的なものがいくつかある。例えば、sheep、deer、neat（牛）、swine（豚）のような動物などで、単複同形のものがいくつかあるが、ここで、表中の強変化中性名詞の主格単数と複数をみてほしい。hus 'house' が単複同形であることに気づく。PE では

第5章 古英語の豊富な語尾変化(1)名詞他 43

　　　　規則的な -(e)s による複数形をもつ thing、folk、horse、house、
　　　　year、word など、多くの名詞が OE でこの強変化中性名詞に属
　　　　し、単複同形だったのである。PE では、一握りの数の例外にな
　　　　るものが 1000 年以上前は規則的なパタンの一つにしたがった形
　　　　であったのだ。

［化石2］　PE には -en で終わる複数名詞 oxen、children、brethren がわずか
　　　　にあるが、ここで、表中の弱変化名詞主格・複数形をみてほし
　　　　い。nama の複数形が naman になっている。この -an が、ME に
　　　　「水平化(levelled)」され -en となって現在残っているのである。
　　　　［1］と全く同様なことがいえ、OE で -an は、規則的な複数形の
　　　　一つであったのだ。

［化石3］　少し細かい事実になるが、強変化女性名詞の単数属格形と弱変化
　　　　名詞の単数属格形をみてほしい。's のルーツである -es がついて
　　　　いないのに気づく。この 's を用いない属格の名残が PE の lady
　　　　bird(てんとう虫)、lady chapel(聖母礼拝堂)、また、曜日の名前で
　　　　Monday(OE monandæg に由来し、OE monan は mona [=moon] の
　　　　弱変化中性名詞属格である。Tuesday(＜Tiw's Day)、Wednesday、
　　　　Thursday など参照)などに残っている。

5.1.8　現代英語だけではみえない規則性―ウムラウト(umlaut)複数

　前節で不規則な複数名詞について触れたが、PE には、さらに、

(15)　foot-feet (tooth-teeth ; goose-geese)
　　　[ʊ]　[i:]　[u:]　[i:]　[u:]　[i:]

　　　mouse-mice (louse-lice(シラミ))
　　　[aʊ]　[aɪ]　　[aʊ]　[aɪ]

　　　man-men (woman-women)
　　　[æ]　[e]　　　[ə]　　　[ə]

のような不規則な複数形がある。語幹の母音を変化させている点で、これま
でみてきた名詞語幹＋語尾(性・数・格の具現形)の公式からはずれているよ
うにみえる。学習する場合も変則的なものとみなし、暗記するしかないと思
われる典型例である。現代語にいくら精通している人でさえ、そこに規則性
らしきものすらみつけることはできない。ところが、歴史をさかのぼってい
くと、なぜ、こうなっているのか、その理屈がだんだんとみえてくる。ME
と EModE 期に起こった母音変化については、ここでは無視して、いきなり
OE に遡ってみる。実は、OE においてすら、既に、PE と同様、変則的な
活用をしていた。

(16) mus - mys,
　　　[u:]　[y:]（発音記号 [y:] は唇を丸めて [イー] と発音した時の音に近い）

　　　fot - fet
　　　[o:]　[e:]

　　　mann - menn
　　　[ɑ]　　[e]

ただし、ここで、上の OE の母音をじっとみつめてほしい。音声学の基本
的な知識をもっていれば、少しパタンらしきものがみえてこないだろうか。
下記の母音の表をみながら、その基本的特徴、即ち、口腔内で占める舌の位
置の高さ、舌の占める位置が前か後ろか、唇の円めを伴うかどうか、などに
着目してほしい。

	前舌		中舌	後舌	
	非円唇	円唇		非円唇	円唇
高	i:	y:			u:
中	e:	ø:			o:
低	æ			ɑ	ɔ:

（表内の発音記号 [ø:] は唇を丸めて [エー] と発音した時の音に近い）

しかし、この時点ではまだ、規則性は決まらない。さらに、遡って、アングロサクソンがまだ大陸にいた頃の資料を探ってみると、Old Saxon という言語の調査をしていくうちに、fot の複数形として foti という形がみつかる。この小さな発見が後によく知られる、**ウムラウト**(umlaut; mutation)という法則の大発見に結びついた。ウムラウトというのは、簡単にいうと、(17)に示されているように、**後母音** [uː, oː, ɑ] がそれに後続する音節の**前母音**(この場合 foti の [i])に影響されて、円唇性を変えずに(円唇なら円唇に(17i–ii)、非円唇なら非円唇に(17iii))前母音化する変化で、一種の同化(assimilation)である。

(17) （ⅰ） uː → yː
　　　（ⅱ） oː → øː
　　　（ⅲ） ɑ → æ

foti の -i(複数を表す語尾だったと考えられている)が、(17ii)によって前の音節の後母音 [oː] を前母音化して [øː] にしたという仮説である(mus、mann も同様で、それぞれ(17i)(17iii)によって、[yː]、[æ] となる)。このウムラウトの引き金になったと思われる -i は、この音変化(500–600 年頃に起こったらしい)を起こした後、姿を消した。さらに、ウムラウトによってもたらされた [yː] と [øː] は OE 期から ME 期にかけて非円唇母音 [iː] と [eː] へと変化し、[æ] は [e] と変化している。したがって、OE ではその音変化の結果だけが残っているわけである。なお、ウムラウトを受けた後も母音の音変化をさらに受けている(13 章「大母音推移」参照)わけで、(15)から規則性をみつけろといわれても、しょせん無理な話なのである。

　このように語幹の母音を変えることによって複数形をつくる現象を**ウムラウト複数**というが、この、一見変則的にみえる例も、歴史を遡ってみていくと、元は語幹＋語尾という基本的なパタンに帰着することがわかるのである。ただ、途中で音変化の引き金となったものが消えたり、別の音変化など

が関与したため、現在みえる形がそれだけ複雑になっているのである。歴史を解きほぐしていって、初めて、「今」がみえてくるという典型的な例の一つである。

5.1.9　二重複数(double plural)―異分析

これまで、名詞の複数形の例が多く取りあげられてきたが、名詞の語尾の話を終える前に、children という例を再度ここで取りあげてみたい。この例には、言語変化という観点から実に興味深い点が潜んでいるからである。15 章で取りあげるテーマの伏線として、述べておきたい。

OE cild ‘child’ は強変化中性名詞で、単数形 cild に対し、複数形 cildru であった。-ru という複数語尾をもっていた点で特殊な変化をする語であった(5.1.6 の変化表［2］の scip(強変化中性名詞の単数・主格)―scipu(複数・主格)参照)。この -r の部分が語幹の一部だと「誤って」(全体が単数形と)解釈されて、ME になって、OE 弱変化名詞の複数形語尾 -an に由来する -en が新たに加えられ、children という複数形が生まれた。この現象は、いわば、複数を表す語尾が結果的に 2 個付いているために**二重複数(double plural)**と呼ばれる(ME には、OE cildru から発達した複数形 childer も同時に使われていた)。

この例は、言葉の変化をもたらすメカニズムについて、重要なポイントを示唆している。ところで、これまで、語幹と語尾の区別ということを自明のことのように話してきたが、それは、我々大人の頭で考えているからである。boys が語幹 boy ＋語尾 s という分析は、読者も英語をある程度知っているから、自明のことと受け入れているだけなのである。ここで、まだ、母語を習得中の子供になったつもりで立ち止まって考えてほしい。子供の耳に直接入ってくる言葉というのは音声信号の連続でしかない。語幹＋語尾の区別というのは直接観察できることではなく、頭の中で起こって(分析して)いることにすぎない。したがって、ある音の連続が耳に入ってきたときに、どこに語幹と語尾の切れ目を入れるかは、いわば、その子供にまかされているわ

けである。周囲の大人が、boy+s と認識して、発話しても、boys という音の連鎖が子供の耳に信号として入った時点では、大人と同様に boy+s と分析する必然はどこにもないということを忘れてはならない。上記の cildru の例はいうまでもなく、cild+ru という分析が、次の世代に伝わらず、cildr+en という二重複数をもたらしたという考え方である。

　このように、ある言語事象(語、句、文など)に対して、ある世代が、前の世代の分析と異なる分析を与えたときに、新しい言葉(語、句、構文など)が生まれる。この変化のメカニズムを**異分析**(**metanalysis**)という。この点については、15章で詳しく触れることにする。

　ところで、日本語の「子供　達」という表現は、いつ頃、どこで、どのようにして生まれたのだろうか?

練習問題

1. kine(=cows 古語)という語を *OED* 等の辞書で調べ、これが**二重複数**であることを確かめなさい。(ヒント：PE の cow は OE では cu [ku:] であった。5.1.8 のウムラウト(17i)が関与している。)

2. 英語には本章で触れた複数形の他にも特殊な複数形がある。その例をあげて、それぞれの起源を調べなさい。

3. PE の形容詞 near の原級 – 比較級 – 最上級は near-nearer-nearest のように屈折するが、nearer は「**二重比較級**」と呼ばれている。そう呼ばれるのはなぜなのか。*OED* 等の辞書で調べ、その理由を明らかにしなさい。

5.2　定冠詞(指示代名詞)の変化

　名詞の語尾に関する話を終えたので、次に名詞を修飾するいくつかの品詞に話を移すことにする。まず、定冠詞・指示詞をみてみよう。PE の定冠詞 the、指示詞 that は the king、that king のように名詞の前に置かれ、格に関

しては(that の場合は数に関してのみ、that-those と変化するが)いっさい活用しない。たとえ、the boy(that king)全体が mother と属格の関係になっていても、the king's mother(that king's mother)となり、変化するのは king だけで、the は無変化である。

ところが、OE では状況はまったく異なる。OE では、名詞の前に置かれる場合は、その名詞の性・数・格に応じた変化をしていた。すなわち、the も性・数・格に応じて変化をしていた。

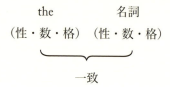

例えば、「その王の家(その王が所有している家)」だったら、下の変化表にしたがい、

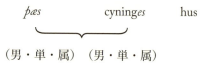

となる。The stone is big. に相当する言い方なら the stone が主語なので、その the は、stone の性・数・格(この場合、男性・単数・主格)に一致した形をとり、se stan となる。

第5章 古英語の豊富な語尾変化(1)名詞他 49

【OE 定冠詞(指示詞)の変化表】

	単　　数			複　　数
	男性	女性	中性	
主格	se	seo	þæt	þa
属格	þæs	þære	þæs	þara
与格	þæm	þære	þæm	þæm
対格	þone	þa	þæt	þa
具格	þy	(þære)	þy	

　先に、名詞の変化のところで触れたが、名詞の語尾だけで必ずしも格が特定できない(一つの語尾が2とおり以上の格を示す)ことがあるということを確認した。例えば、「石が」も「石を」も stan であった。ところが、これに定冠詞がつく場合はどうかというと、表をみて確認してほしい。se stan と þone stan のように、冠詞をみれば、stan の格(つまり、「その石が」なのか、「その石を」なのか)が、特定できるようになっている。ちなみに、男性単数名詞に定冠詞がつく場合には、その定冠詞が名詞の語尾をみるまでもなく、格の特定ができる仕組みになっている(cf. se, þæs, þæm, þone)。

✂ もう一つの格─具格
　ここでも、屈折の仕組みを理解することが先決で、個々の変化形を覚える必要はない。PE との比較という観点から、上の変化表から読み取れるいくつかの点について触れる。

［1］　that-those が数に関して屈折するのを除外すれば、PE では無変化の the 一つしかないものが、OE では 10 ほどの異形(variants)があったことがわかり、ここでも、OE の豊富な活用が確認できた。

［2］　PE の the、that は類似したもの(例えば、the book も that book も「そ

の本」と訳したりすることがある)と認識される一方で、異質の語として(例えば、that は単独で代名詞として使用できるが、the はできないし、さらに、眼前のものを指し示す機能(指示性)については the より that の方が強いといわれる)意識されている。ところが、OE では同じ語の変化表(パラダイム)におさまる、性の違いによる異形にすぎないことがわかる。男性・単数・主格 se が後の the に発展したもので、中性・単数・主(対)格の þæt が今日の that である。「その家」という場合に PE なら the house/that house と指示性の違った言い方が 2 とおりあるが、OE では hus は中性名詞だから þæt hus という一つの形しかなかったわけである(なお、the のルーツである se は、PE の the と違って、単独で代名詞としても使われたことを付け加えておく。この点でも the と that は同じスタート台に立っていたことになる)。

[3] 名詞のところで四つの格について述べたが、上記の定冠詞(指示詞)の変化表にもう一つの格が追加されていることに気づく。**具格(instrumental)**といって、文字どおり、道具、手段等を表す格で、日本語では助詞「で」によって、PE なら前置詞 with、by 等で表される格である。この格の名前を名詞のところであげなかったのは、名詞には、**他の格からこの具格を区別するような、具格を表す独自の語尾がなかったからである**(この意味がよくわからなかったら、再度、5.1.5 を読み直してほしい)。定冠詞の場合は、具格を表す独自の形 þy をもっているのである。「石で」なら、þy stane のように定冠詞で具格を示し、名詞は -e をもつ与格形を用いた(つまり、名詞では与格形が具格を吸収していた)。

ところで、意外なことにこの具格の「化石」が二つ PE に残されている。その一つは、この定冠詞の具格 þy が、今では無変化の the になっているために気づきにくい例と思われるので、ヒントを一つ示す。具格は主格、対格、属格等と違って副詞的意味をもつことには異論がないであろう。そこで、PE に the が副詞的に使われている珍しい例を思い起こせばよい。次の

例が、それである。

(18) a.　the sooner, the better（「早ければ早いほどよい」）

　　 b.　I like Mary all the better for her faults.（「メアリーは欠点があるので、なおさら、彼女が好きだ。」）

　　 c.　The British drink hot tea when it is hot. They say they feel all the more refreshed because they sweat more heavily.（「イギリス人は暑いときに熱いお茶を飲む。彼らが言うには、より汗をかくから、それでいっそう元気が出ると感じるからだ。」）

いわゆる、「the 比較級」で、これらの副詞的 the は、OE に既にみつかり、(19)のように具格 þy(ðy)を用いていたことがわかっている。

(19)　hie ... woldon þæt her ðy mara wisdom on londe wære ðy we ma geðeoda cuðon [=they ... wished that there might be the more wisdom in this land the more languages we knew]（*Cura Pastralis* 5/24-5）

　PE では the はふつう定冠詞として名詞の前に置かれ、名詞が指すものの集合を限定する働きをもっているのだから、(18)で使われている the は不思議な感じがするかもしれない。だから、the 比較級を「よりいっそう〜、なおさら〜」のように熟語として、学習しているのである。しかし、今、「具格」という概念を習うと、つまり、この事象を 1,000 年さかのぼってみると、なぜ、ここで the が使われているのかを原理的に理解することができるのである。上の変化表で se、seo、þæt は冠詞としてだけでなく、単独で代名詞として使われていたことを指摘した。例えば、男性・単数・主格 se は se stan「石が」だけでなく se が he、it、that の意でも使われていたことを思いだしてほしい。そうすると se の具格 þy は、今の英語で言い換えると with him、with it、with that「それで」の意味になる。それを踏まえて、(18c)を

52

もう一度みてみよう。

(18c) They say they feel all *the* more refreshed because they sweat more heavily.

ここで、the を with it(with that)と置き換えて、読んだらどうであろうか。あとはこの場合の it、that が指すものがわかれば、この英文の解釈が完成する。(18b, c)をみると、その代名詞が何を指すかが、わかるかと思う。いずれの文も for 句、because 節と理由を表す表現があることに気づく。つまり、「その理由でよりいっそう〜」という意味解釈が出てくるのが、これで理解できるかと思う。The 比較級が使われる例で、理由を表す表現がよく伴う理由がこれで理解できる。仮に、表面上は、理由を表す句、節がなくても、文脈からその「理由」を推測できれば、the 比較級を含む英文解釈で失敗することはない。

　以上、現在使われている英語でわかりにくい the 比較級という表現が、歴史をさかのぼって、古い英語の仕組み(具格)を理解することで、より深い理解が可能となる例であることがわかる。(18)が具格の化石の一つであるといえるのはそのためである。

　もう一つの具格の化石の例は、次節の疑問詞のところで述べることにする。

課題

1. OE の定冠詞 se は関係詞としても使われていた。その用法の基本的な仕組みを調べて、PE の関係詞 who の仕組みと比較せよ(4章末にある「聖エドモンド伝」17 行目参照)。

2. 4章末にある「聖エドモンド伝」を読み、そこで使われている定冠詞の性・数・格をすべて確認せよ(そこの［注］では名詞の性について触れていないので、古英語の辞書で調べる必要がある)。

5.3 疑問(代名)詞の変化

前節の［2］、［3］に関連して OE の疑問代名詞の変化表をみてみよう。

	男・女	中性
主格	hwa	hwæt
属格	hwæs	hwæs
与格	hwæm	hwæm
対格	hwone	hwæt
具格		hwy

この変化表から読み取れることは、基本的には、前節の［2］、［3］と同様である。

　PE の who、what、why はすべて同じ疑問詞でありながら、代名詞か副詞かという区別で、who、what は why と区別され、さらに、前者二つは同じ疑問代名詞でありながら、人か物かという区別で、分けてとらえられている。

	who	what	why
疑問詞	○	○	○
疑問代名詞	○	○	×
人を表す	○	×	×

ところが、OE ではこれら三つの疑問詞 hwa(=who)、hwæt(=what)、hwy(=why)は、同じ語の変化表(パラダイム)の中でみられる性・格の違いからくる異形にすぎないことがわかる。即ち、who は男(女)性形 hwa に由来、what は中性形 hwæt に由来する。これは、上で述べた the と that(中性形)の由来と基本的に同じである。ところで why については、すでに注意深い読者は気づいていることと思うが、これが、先ほど触れた「副詞の the」に加

54

えて、具格の第 2 の化石なのである。hwy の起源は、中性 hwæt(what)の具格 hwy である。つまり、その具格は今の英語の with what の意味に近い語源をもっている。(古英語ですでに hwy が理由「なぜ」の意味をもっていたことは、上の(18)で見た the が具格で、because of that に近い意味をもっていたのと同様である。)日本語でも「なぜ」の代わりに「なんで」が用いられるのだから、why が what の具格に由来するという話は十分にうなづけるであろう。

なお、PE と異なり OE では、who の与格と対格が hwæm-hwone と区別されていることに気づくが、この点は、次の代名詞でみることにする。

5.4　人称代名詞の変化

人称代名詞は、名詞と較べるとそれほど活用の仕組みが歴史的に大きく変わってきているわけではないが、それでも、いくつかの注目すべき変化が起こっている。ここでも、PE との比較という観点からみることにする。

いうまでもなく PE の人称代名詞は、人称(1・2・3 人称)・数(単・複)・格(主・属・目的)に応じて変化する。格については、名詞の場合と異なり、通格の代わりに主格と目的格(objective)を入れて 3 とおり(I-my-me; he-his-him)になる点に注意してほしい。対格と与格が区別されないから、その両者をひっくるめて、目的格という呼び方をしているわけである。では、これを踏まえて、下の変化表を手がかりに OE と PE の違いをみていく。

【OE 人称代名詞の変化表】

	1 人称			2 人称		
	単数	両数	複数	単数	両数	複数
主格	ic	wit	we	þu	git	ge
属格	min	uncer	ure	þin	incer	eower
与格	me	unc	us	þe	inc	eow
対格	me	unc	us	þe	inc	eow

第5章　古英語の豊富な語尾変化(1)名詞他　55

	3人称			
	単数			複数
	男性	女性	中性	
主格	he	heo	hit	hie
属格	his	hiere	his	hiera
与格	him	hiere	him	him
対格	hine	hie	hit	hie

［1］　1・2人称代名詞に限って、数に関して単・複に加えて**両数**(**dual**)という形があった(wit、git [jɪt])。両数というのは「あなたがた(我々)二人」ということである。

［2］　名詞同様、3人称に限って与格と対格の区別があった(「彼に」him、「彼を」hine；前節の疑問代名詞 hwæm、hwone 参照)。この区別は ME 以後消失し、疑問代名詞と同様に、与格(him、hwæm(=whom))が対格(hine、hwone)を吸収した。

［3］　PE の2人称は単複の区別がなく、その意味で you は「多義」であるが、OE では単数 þu [θuː(ðuː)]、複数 ge [je](この発音については、6章を参照)と区別されていた。この複数形 ge が PE の you のルーツである。

［4］　PE の she、they に似た形が表中にないのに気づいたであろう。いずれも、ME から出現するが、she は定冠詞(指示詞)の女性形 seo(5.2 参照)から音声的な影響を受けて出現したという説があるが、よくわかっていない。they については、北欧人(ON)がもたらした代名詞で英語本来の代名詞ではない(この点は6章で再び取りあげる)。they が英語に入ってくる前は、hie-hiera-him-hie が用いられていた。これらの代名詞は一見 OE に限られた事実で、現在では「廃語」であるように思われるが、実は、そうではなく、これも「化石」として、PE の中に目立たないところで生きている。この点を次に取りあげる。

� 3 人称複数代名詞の化石

次の漫画をみてみよう。

この漫画の3コマ目の I'm just tellin' 'em where I'd like to be. の 'em はわかるだろうか。この 'em は them で聴衆(audiences)を指している(tellin' は telling)。話を簡単にするため、次の文に替えて、この用法を考えてみよう。

(20) I like 'em.

これは、[aılaıkəm] と発音され、文脈なしに考えると、**その発音と結びつく意味**は 2 とおりで、つまり「多義」で、I like him の意と、I like them の意が可能である(書き言葉としての I like 'em は I like them の意味であることに注意してほしい)。この多義を図示してみる。

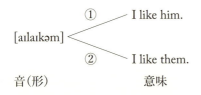

ここで、[aılaıkəm] という発音と I like him の意味との結びつき①と、[aılaıkəm] と I like them の意味との結びつき②は、それぞれ「自然な」結び

つきとして、納得できるであろうか。①は自然であるが、②は「不思議な」結びつきに思うのではなかろうか。これを説明する前に、一つ前提となる重要な音声学の知識を確認する必要がある。

単語には大きく分けて、2種類あることが、よく知られている。一つは名詞・形容詞・動詞など、具体的な意味内容をもつ語で、**内容語**(content word)と呼ばれる。内容語は、その数が多く、時間の経過とともに成員が増えたり減ったりする(出入りがある)ので、**開放類**(open class)とも呼ばれる。もう一つは、代名詞、冠詞、前置詞、助動詞、接続詞などの抽象的で、文法(機能)的意味をもつ語で、**機能語**(function word)と呼ばれる。機能語はその数も少なく、成員が増減する(出入りする)こともあまりないので、**閉鎖類**(closed class)とも呼ばれる(この**内容語・機能語**の区別がいかに重要かは、身近な英語の学習、単語帳の作成などを考えただけでも容易に想像がつくことであるが、言語学の多方面で重要に関与することも付言しておきたい)。

話を上の①②に戻してみよう。①の結びつきが自然なのは、上で述べた、機能語には内容語にない発音上の特質——**強形**(strong form)と**弱形**(weak form)をもつ——があるからである。(20)で取り上げられている機能語は代名詞なのでそれで説明すると he、him、her のような代名詞はそれぞれ次のような弱形と強形をもっている。

(21)　　　　　強形　　　　弱形
　　he　　　[hi:]　　　　[i:]
　　him　　　[him]　　　　[ɪm] [əm]
　　her　　　[hə:(r)]　　[ər] [ə]

重要なことは、機能語は特殊な場合(例えば、I like hím, not hér. などで、代名詞がコントラストを際立たせるために強調される場合など)を除いて、弱形で発音されるということである。(21)で強形と弱形の違い(関わり)に注

58

意すると、弱形は基本的には語頭の [h] が取れていることに気づくであろう。つまり、①の結びつきが自然なのは I like him の him の発音はふつう弱形 [ɪm] [əm] で発音されるからである。ちなみに**語頭の [h] の音がとれるのは音声学的にもよく起こる一般的な現象である。**

　では次に、②の結びつきがどうして、「不自然」「不思議」なのかを考えてみよう。代名詞 them の弱形は [ðəm] である。they の弱形も [ðe]（強形は [ðei]）であって、[ei] や [e] にはならない。ふつう語頭に [ð] 音をもつ機能語の弱形で、それが落ちることはない（the の弱形も [ðə] であって、[ə] となることはない）。また、**一般的な音声学的現象としても語頭音 [ð] の省略は知られていない。**だから、②の結びつきは「不思議」なのである。PE の事実だけをいくらながめていてもらちがあかない例であるが、②の結びつきが現実に存在する限り、その事実を説明せねばならない。そこで、「歴史的に」この事象をとらえてみる。つまり、現在の文法体系の中で「縦に」みるのではなく、時間軸に沿って、OE にまでさかのぼって、「横に」みるのである。その解決の糸口が、OE 人称代名詞の屈折表の 3 人称複数代名詞の与格 him にあるのである。この与格は ME になって、対格の hie と統合されて、目的格 hem となる。この hem が弱形 [əm] として PE にそのまま引き継がれたと考えれば、②の説明がつくことになる。この例もまた、古い形が歴史を引きずって、PE まで生き残っている現象の一つと考えられ、かつ、PE の文法体系の中では説明仕切れない例の一つといえる。つまり、「化石」の一例と考えられる。

練習問題

1. 『欽定訳聖書（*Authorized Version*）』（2 章参照）のマタイ 5 章 13 節（地の塩）に… if the salt have lost <u>his</u> saviour, wherewith shall it be salted. という一節がある。この意味を調べ、下線部 his が何を指すか、また、今日ならこの his はどういう形になるか、を答えなさい（ヒン

ト：【OE 人称代名詞の変化表】の 3 人称・単数・中性の属格に注意）。

課題

1. シェイクスピアの『ロミオとジュリエット（*Romeo and Juliet*）』の I. v. 93 に二人がはじめて出会う場面がある。また、そのあと、恋に落ちた二人が愛を語り合う場面が II. ii. にある。その二つの場面で、ジュリエットがロミオのことを呼びかける「あなた」に相当する代名詞がどのように変化しているかを原書の該当箇所を読んで答えなさい。また、その変化が何を意味するのか、についても調べなさい（ヒント：OE 代名詞の 2 人称単数・複数の þu と ge がその後 ME、EModE にどのように推移したか、特に EModE での両者の使用状況について調べる）。

5.5　形容詞の二つの変化表

　ここまででも豊富な語尾変化を示す OE の状況が十分に理解できたと思うが、最後に名詞と深く関連する形容詞の変化について簡単にみることにする。

　PE の形容詞は、原級 – 比較級 – 最上級（tall-taller-tallest）を除けば、いっさい屈折変化しない。形容詞の基本的な用法には SVC の C 位置で使われる叙述的用法（predicative use）と名詞の前におかれる限定用法（attributive use）があるが、PE ではその用法の差異に関わらず無変化である。ところが、OE では叙述的用法では強変化で、主語の名詞の性数格に一致させ、限定用法では、前に定冠詞や属格代名詞がない場合には強変化、ある場合には弱変化で、修飾する名詞の性・数・格に一致させた。即ち、同じ形容詞でも、文全体の中で、どういう統語的位置を占めるかで、異なる変化をするという、実に複雑な語尾変化をしていたのである。PE の例を用いれば、The boy is

60

good. や good boys の good と the good boy の good が異なる変化をしていたことになる。

　変化表を一応あげておくが、いうまでもなく、ここに示されている豊富な語尾は ME で水平化され、PE では全て消失したことになる。

【OE 形容詞の変化表】

強変化

	単数			複数	
	男性	女性	中性	男・女性	中性
主格	god	god	god	gode	god
属格	godes	godre	godes	godra	godra
与格	godum	godre	godum	godum	godum
対格	godne	gode	god	gode	god

弱変化

	単数			複数
	男性	女性	中性	
主格	goda	gode	gode	godan
属格	godan	godan	godan	godera (godra)
与格	godan	godan	godan	godum
対格	godan	godan	gode	godan

練習問題

1. 本節で説明された OE 形容詞の屈折パタン（強変化と弱変化）と、5.1.6 で学習した OE 名詞の屈折にみられる二つの屈折パタン（強変化と弱変化）と較べて著しく異なる点は何か。それぞれどういう理由で強（弱）変化が選択されるかに着目しなさい。

第 5 章　古英語の豊富な語尾変化 (1) 名詞他　61

2. 4 章末にある「聖エドモンド伝」の 2–3 行目に þone ælmihtigan God (the almighty God) という名詞句がある。この中の形容詞 ælmihtigan の屈折語尾 -an は強・弱変化のいずれの変化パタンを示しているか、また、それが示す性・数・格についても答えなさい。

第6章　北欧人(デーン人)の侵入と英語

「豊富な屈折語尾」の話も、あとは重要な動詞の屈折を残すのみとなったが、ここで、外面史にもどって、北欧人の侵入・定住について詳しくみることにする。

※アルフレッド大王と北欧人の侵入

アングロサクソンの侵入からアルフレッドの登場までの歴史について簡単に振り返ってみる。イギリスは7世紀初め頃までにいわゆる**七王国時代**(**Anglo-Saxon Heptarchy**)といって、7つの小国(Northumbria, Mercia, East Anglia, Kent, Essex, Wessex, Sussex)が互いに勢力争いをする時代に入る。キリスト教が伝わった(597年)頃にはKent、7世紀にはNorthumbria、8世紀にはMercia、9世紀にはWessexがそれぞれ強国となっていった。9世紀にアルフレッドの父がイングランドを統一した後、アルフレッド大王(Alfred the Great, 849–899)が登場し、アングロサクソン文明は大いに栄えた。

この七王国時代に、世界中を荒し回っていたのが北欧人(Vikings)である。8世紀に世界各地に大移動を開始Norway、Sweden、Denmarkから英国諸島だけでなくGreenland、Ireland、Normandy等にも侵入した。ブリテン島への侵入は、8世紀末に始まり、11世紀にまで及んだ(ブリテン島に侵入した北欧人を特にデーン人と呼ぶ)。特に、9世紀後半からのデーン人の侵入は激しく、870年頃には、アルフレッド大王のいたWessexを除くほとんどの地域を支配した。このままの勢いでブリテン島全土を征服するところであったが、その寸前のところで踏みとどまったのがアルフレッドであった。

878年にデーン人との戦いで勝利したアルフレッドは、彼らとウエッドモ

図7　アングロサクソン七王国

ア(Wedmore)条約で休戦協定を締結し、その数年後には図8のように、支配権を二分した。Chester から London へ境界線を引いて、東側をデーンが支配し(その領域を**デーンロー(Danelaw)**と呼ぶ)西側を彼が統治することになった。その後はしばらく、アングロサクソンとデーン人との小競り合いはあったが両者の平和共存の時代が続いた。

　アルフレッド大王は北欧人の侵入から、イギリスと同時に当時の英語、すなわち、OE を守ったのである。また、4章でも触れたが、彼はラテン語作品の OE への翻訳や、年代記の編纂等、文人としても活躍し、「英語散文の父」とも呼ばれている。

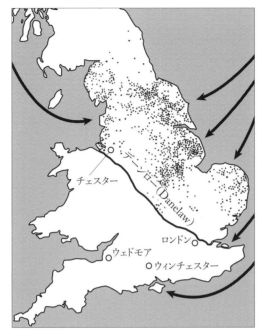

図 8　デーン人の侵入（・はデーン人が占領・定住した地域を示す）

✂ ピジン化・二重語・閉鎖類の借用

　北欧人の使用した言語が古ノルド語（Old Norse, ON）であることは既にみたが、この ON が英語に与えた影響については、大小様々なものがある。以下、そのいくつかをみることにする。

【1】語尾の水平化（後の消失）への原動力

　すでにみてきたように、OE の語尾変化は豊富であった。では、この語尾がなぜ簡略化していったのか、この問いは英語史の謎の一つといってよい。一つの有力な説は北欧人（ON）影響説である。この二つの民族（アングロサクソンと北欧人）の合流は征服—被征服の関係ではなく、いわば対等の合流であったことを思い起こしてほしい。また、2 章でみたように ON と OE

66

は同じゲルマン語から派生した「親戚関係にある」言語であることにも注目してほしい。したがって、両言語は語彙もかなり似ており、発音と語尾の詳細を除けばかなり類似していたと想像され、意志の疎通も比較的容易だったと推測される。そのような状況では、微妙に違う語尾変化をいわば無視して、意志疎通を図ったと考えても不自然ではない。ところで、ある地域にX、Yという相異なる言語をもつ二つの民族が何らかの理由で、同一地域で生活を共にすることになった場合、一時的にXとYを混ぜ合わせたような、簡素化した文法をもった言語が発生する場合がある。そのような言語を社会言語学では、**ピジン（pidgin）**と呼んでいる。このピジンが、さらに、次の世代に伝えられ、「一人前の」母語として成長した場合に、それを**クリオール（creole）**と呼ぶ。英語の語尾変化の簡略化も、ONとOEとの**ピジン化（pidginization）**と**クリオール化（creolization）**の一例ではないかと考えられている。

【2】北欧人と語彙―二重語

　OE以前から <c> の綴り字は原則として [k] と発音していたと考えられている。例えば、col 'cool' は [koːl]、cu 'cow' は [kuː] と発音していた（5.1.9 練習問題1参照）。しかし、4–5世紀頃に**口蓋化（palatalization）**という音変化が始まって、[k] 音の前後に**前母音**が生じているときに、その [k] の調音点が前に移動し [c] 音（現代英語では使われない口蓋破裂音）になった。この [c] 音は、さらに、11世紀までに、**擦音化（assibilation）**といって、直前に [s] 音がある時には [ʃ]、それがないときには [tʃ] という擦音に変わった。

　まとめると、次のように下線部の子音が変化したことになる。

cirice 'church'　　[k] > [c] > [tʃ]
scip 'ship'　　　[sk] > [sc] > [ʃ]

（なお、OEのテキスト・参考書では口蓋化を受けた音をしばしば čiriče、

scip のように、よく、˙で示すことがある。)

　この二つの音変化は OE にのみ起こったもので、ON ではこの変化を受けずに、北欧人が侵入してきたわけである。これを踏まえて、次にあげる単語のペアをみてほしい。

$$
\begin{cases} \text{shirt} \\ \text{skirt} \end{cases} \quad
\begin{cases} \text{shear(切る)} \\ \text{score(刻む)} \end{cases} \quad
\begin{cases} \text{ship} \\ \text{skipper(艇長)} \end{cases}
$$

上段が上記の音変化を受けた [ʃ] を含む OE 由来の語、下段がその音変化を受けなかった [sk] を含む ON 由来の語ということになる。これらの例はOE と ON が合流した際、両言語の語彙がかなり類似していたのではないかという上記の推測が嘘でなかったことを示している。同一語源の語を、少し音を変えてそのまま共有していたということで、もしペアの語が全く同じ意味というのであれば、両者を残す理由はなく、ここでは若干意味を変えて今日まで残ったのであろう。このように同一語源で、音形や意味の異なる語のペアを**二重語（doublet）**と呼ぶ。

【3】閉鎖類の借用

　本書では伝統的に使用されてきた品詞名をいくつか用いてきたが、これらの品詞は大きく 2 種類に分かれることを 5.4 節でみた。名詞、動詞、形容詞、副詞のような、そのメンバーの数が多く、その「出し入れ」が自由に行われる「**開いた（開放）類（open class）**」と、代名詞、前置詞、接続詞のように、そのメンバーの数が少なく、その「出し入れ」が起こりにくい「**閉じた（閉鎖）類（closed class）**」である。ここで「出し入れ」というのは、新しいメンバー（語）が導入されたり、古いメンバー（語）が廃れたりすることである。ふつう、日本語でよく用いられる外来語（カタカナ言葉）は、開放類で特に、名詞が多いのに気づくが、英語でも、（ON、ラテン語、フランス語などからの）外来語は開放類が圧倒的に多い。ところが、不思議なことに、北

欧人(ON)は閉鎖類についてもいくつかの語を英語にもたらした事実がある。代名詞のところで、すでに述べたが、3 人称複数代名詞の they-their-them、前置詞 fro、till(till は接続詞としても使う)、接続詞の though なども ON からの借用である。このことは、前にも触れたように、アングロサクソンと北欧人(OE と ON)がよほど近い関係にあったこと、また、両民族の接触が対等の立場で行われていたことの表れであろう。一方、アングロサクソンが、北欧人との接触に先立って、かつ、長期にわたって接触していたはずのケルト系言語の方は、どうかというと、英語にさほどの影響を与えていないのである。同じ言語接触でも、接触する言語間の力関係・近親関係が異なると、このような対照的な事実をみせるという点は興味深い。

練習問題

1. PE には、<c> で [s] と発音する語があるが、その例をいくつかあげ、それらの語源を調べて、何か気づいたことを述べなさい(ヒント：本節 [2] 参照)。

2. 口蓋化を受けた無声音 [k] についてはすでに触れたが、その有声音 [g] も同様に口蓋化を受けた。その口蓋化によっていかなる音に変化したか、答えなさい(ヒント：5.4 節 OE の 2 人称代名詞複数主格や 2 人称代名詞両数主格をみよ。また、4 章課題 1 の古英語で書かれたマタイ 7 章 24–27 節に PE の rain に相当する単語がどのように綴られていたかをみよ)。

3. 3 章で学んだグリムの法則と本章で学んだ二重語との関連について自由に論じなさい(ヒント：3 章の練習問題 1 で観察したことを思い起こしてみる)。

第 6 章　北欧人(デーン人)の侵入と英語　69

課題

1.　McCrum, R. 他の著書 *The Story of English*(1986 年、BBC 出版)の
　　p. 70(あるいは同書第 3 版 2003 年、Penguin Books の p.69)に本章
　　で触れた OE と ON の言語接触によるピジン化の具体例(想像上の
　　エピソードではあるが)が示されている。そのエピソードの概略を
　　レポートとしてまとめなさい。

第7章 古英語の豊富な語尾変化(2)動詞
―「法」を中心に

　豊富な OE の語尾の話もいよいよ、最後の動詞にたどりついた。

　動詞の屈折語尾については、2種類に大別される。主語の人称・数に応じて、あるいは、時制によって、語形が変わるものと、変わらないものとがある。前者を**定形(finite form)**、後者を**非定形(non-finite form)**と呼ぶ。したがって、現在分詞、過去分詞、不定詞、動名詞などは非定形となるが、これらのいくつかについては、後の章(14章と16章)で扱うことにし、ここでは定形のみの屈折をみることにする。

　名詞の変化では、「格」という用語がいわばキーワードとなっていたが、ここでは「法」という用語の理解が重要になる。

7.1　現代英語の動詞(定形)の屈折

　PE の名詞は数・格に応じて変化するということであったが、動詞は人称・数・時制に関して屈折変化することが明白である。これが正しいかどうかを、PE の例を使って確認してほしい。まず、人称については、be 動詞の場合 I am、You are、He is で示されるように {1・2・3人称} の3とおりの屈折がみられる。ふつうの動詞の場合は I walk. You walk. He walks. のように3人称と1・2人称の2とおりである。数については He sings. They sing. から、{単・複} の2とおり、時制については He walks. He walked. から、{現在・過去} の2とおりが関与することがわかる。時制のところで「未来」が入らないのは、「未来」という概念(意味)はありえても、PE ではそれを表す独自の動詞語尾をもっていないからである。いうまでもなく、PE では、「未来」は will、shall、be going to などの助動詞などで表す「道具」を

もっている。言語によってはラテン語 ama-bo（= I will（shall）love）のように「未来」を動詞の語尾で表す言語もあり、その場合には当然、時制の中に{未来}が入ることになる。概念（意味）と、その意味を表す形式（手段）とを分けて考えることは、「格」のところでも強調したが、以下の説明でも、しっかり踏まえていてほしい。

　以上、PE の動詞屈折が人称・数・時制の 3 特徴で決まることをみたが、実はもう一つ、四つ目の特徴が動詞の屈折に関与しているという主張がある。しかし、この点は、文法学者の間でも議論の分かれるところで、それが関与するかどうかは難問である。そこで、以下に整理をしながら、この問いについて考えてみることにする。

7.2　法とは何か

　動詞の屈折に関わる四つ目の特徴として候補にあげられるのは「**法（mood）**」である。まずその「法」の概念の定義をしてから、その意味を表す「道具」について考えることにする。

　法とは、平易なことばで表すと、「**話者が、ある命題の真偽に関して抱く気持ち**」のことである。下線部の用語に注釈を加えると、「話者」とはことばを使う人、話し言葉なら「話し手」書き言葉なら「書き手」と理解すればよい。「**命題**」というのは真か偽かが問えるもの、問う価値のあるもので、とりあえず、「…が…である」とか「…が…する」のような形式をもつ文と考えてよい。「窓を開けなさい」のような命令文や、「彼は背が高いですか」のような疑問文は、それ自体は真偽を問うことはできないので命題ではない。例えば、「原発は安全である」という命題に対して、話者が抱く気持ちは、「間違いない」と思う確信であったり、「ひょっとしたら正しいかもしれない」という程度の推測であったり、間違いであろうが、「万が一正しい可能性もある」という思いであったり、「信憑性が全くない」という疑念であったり、「間違っている（嘘である）」という確信であったり、その思いは実に様々であるが、その様々な思いのことを「**法**」という。

第 7 章　古英語の豊富な語尾変化(2)動詞　73

⚔ 法を表現する形式(道具)

　では次に、上記の様々な思い(法)を、どのような言語形式で表すか、PE の例で考えてみよう。その道具は実に多様である。

［1］助動詞

　　Nuclear plants {may, must, cannot, will} be safe.

　　「かもしれない」「ちがいない」「はずがない」というような法の意味が表せる。だから、これらの助動詞を**法助動詞**と呼ぶことがある。

［2］副詞

　　Nuclear plants are {probably, perhaps, possibly} safe.

　　probably、perhaps、likely、possibly、certainly のような副詞でも同様に法の意味を表せる。これらの副詞が**法副詞**と呼ばれるゆえんである。

［3］形容詞

　　It is {possible, certain, likely, doubtful, probable} that nuclear plants are safe.

　　I am {sure, certain} that nuclear plants are safe.

　　などの形容詞でも法を表せる。

［4］動詞

　　I {think, believe, doubt} that nuclear plants are safe.

　　It seems that nuclear plants are safe.

　　などの動詞も同様である。

　さて、ここで立ち止まって、上記の問──PE に動詞の活用が法によって決まるか──にもどってみたい。つまり、上の 4 種類の「道具」に加えて、［5］として「動詞の**屈折語尾**」が加えられるかどうかという問題である。この問に対する答は、微妙で議論の分かれるところで、まず、「法」を認める立場──PE でも人称・数・時制に加えて、法によっても活用するという立場──から説明する。なお、「法」を認める立場でも、さらに、何とおりの法を認めるかで議論がさらに分かれるので、それについても触れる。それが

終わったあとで、今度は、「法」を認めない立場——PE の動詞の語尾は人称・数・時制のみによって決まるという立場——からの議論をする。

7.3 直説法と仮定法
✂ 現代英語で法を認める立場（1）―直説法と仮定法
　法を認める人達は次のような 2 種類の例を証拠として提示する。

（ 1 ）　I wish I *were* a bird.
（ 2 ）　The doctor suggested that the patient *take* aspirin.

(1)は伝統的に「**仮定法過去**」と呼ばれている現象であるが、ここで注意してほしいことがある。(3)の例も同じく仮定法過去と呼ばれるものだが、この例は、法を認める証拠にはならないということである。

（ 3 ）　I wish I *knew* the answer.

(1)も(3)も意味的には、「私は鳥である」「私はその答を知っている」という命題が真でないということを表している点では同じであるが、(3)は、「私はその答を知っていた」という事実を述べる言い方をしたときにも I knew the answer と同じ動詞形 knew を用いるのであって、両者の意味を区別する独自の語尾を示していないので証拠にならないわけである。(1)は、事実を述べる言い方なら I was a bird となり、動詞の形によって異なる意味を表しているので法を認める証拠となる。このように考えるならば、法を認め、I am a bird. I was a bird. のような事実を述べる法を直説法、命題が真でないことを示す法を仮定法（接続法ともいう）と名付けて、PE では 2 とおりの法が動詞の語尾変化を決定するという議論が成り立つことになる。

　次に(2)であるが、これは伝統的に「**仮定法現在**」と呼ばれてきた現象で、必要、要求、提案等を表す述部（動詞・形容詞）がとる従属(that)節内で

第 7 章　古英語の豊富な語尾変化(2)動詞　75

よくみられるもので、上の(1)のように、be 動詞に限られたことでないので、その意味では法を認める証拠として、より説得的である。この場合も、(1)と同様、事実を述べる言い方なら The patient *takes* aspirin. となるので、「3 単現 -s」のない形は「患者がアスピリンを飲む」という命題が真でないことを表しているとみなすことができ、直説法と仮定法の 2 とおりを PE に認める証拠となるわけである。

✄ 現代英語で法を認めない立場(2)

　ここで、上記の法を認める二つの議論に対して異議を唱える人達がいる。

　まず、(1)の証拠への反論であるが、よく知られているように、PE、特に口語体の英語では(1)の were は、(3)と同様に、直説法と同じ was に置き換えても立派に通用する事実がある。(1)の were が残っている限り、法を認める証拠にはなるが、be 動詞に限られている点や、was に置換され得るという事実を踏まえれば、証拠としては弱いといわざるを得ない。

　さらに、(2)の証拠について異議を唱える人達は、次の事実に着目する。

（4）　The doctor suggested that the patient *should* take aspirin.

文法書や辞書には should を含む(4)はイギリス英語で好まれ、(2)はアメリカ英語に多い、という記述がみられるが、どちらも全く同じ意味で用いられる標準英語と考えてよい。そこで、**(2)の take を、(4)の should を省略した形と考える**わけである。そのような分析が正しいとすると、(2)の take は原形不定詞、つまり、非定形となるわけであるから、(2)を、法を認める証拠とする上記の議論は崩れる(議論の土俵にすら乗らない)ことになる。

　以上、PE に法を認める立場と認めない立場のそれぞれの議論をみてきたが、読者はどちらに軍配をあげるであろうか。ここで重要なことは、上記のいずれの議論も、現代の英語文法の体系の中で、考察したものであって、過去の英語の歴史を考慮した議論ではないということである。もし歴史的な考

慮なしに議論することに徹するのであれば、両者の議論をさらに、いろいろな角度から検証を進めるしかない。では、もし、歴史的な考慮をする、すなわち、(1)(2)のような例を過去の歴史の線上でみるとどのような「像」が見えてくるであろうか。5.4節で取りあげた I like 'em. に対する「歴史的な説明」と全く同じ趣旨のことを次節で試みる。

✼ 仮定法の化石

OE の動詞は明らかに人称・数・時制に加えて、法に関しても活用していた。OE の動詞 hieran（＝hear）の屈折を例とした次の変化表をみてほしい。

【OE 動詞の変化表】

			直説法		仮定法	
現在	単数	1 人称	hiere	現在	単数	hiere
		2 人称	hier(e)st			
		3 人称	hier(e)þ		複数	hieren
	複数		hieraþ			
過去	単数	1 人称	hierde	過去	単数	hierde
		2 人称	hierdest			
		3 人称	hierde		複数	hierden
	複数		hierdon			

ここでは事実を述べる直説法と、命題が真でないことを表す仮定法とが、それぞれ独自の語尾をもっていたことがわかる。be 動詞に限らず、hear のようなふつうの動詞も直説法とは別の仮定法の語尾をもっていて、かつ、時制に関しても仮定法現在と仮定法過去とが別の語尾をもっていたこともわかる。また、仮定法は数に関しても単複、それぞれ別の語尾をもっていたこともわかる。さらに、仮定法の語尾が、今日の(1)(2)のように限られた文脈

第 7 章 古英語の豊富な語尾変化(2)動詞 77

に生ずるだけでなく、もっと広い用法をもっていたことは、下記の例をみれ
ばわかる。

（5） He cuæð to him ðæt he wære his gelica [=He told him that he was his
equal.]（*Cura Pastoralis* 115/20）

（6） ic wene þætte noht monige begiondan Humbre næren [=I think that not
many were beyond the Humber.]（*Cura Pastoralis* 31/6-7）

（7） Ðeah ðæt folc ðyrste ðære lare, hie hie ne magon drincan [=Though the
people thirst for instruction, they cannot drink it.]（*Cura Pastoralis* 31/6-7）

（8） se flothere ... behyddon þæt heafod ... þæt hit bebyrged ne wurde. [=the
pirate force hid the head, so that it should not be buried.]（*Ælfric's Lives of
Saints* 32.130-2）

(5)は間接話法(indirect speech)で、「人が…といっている(いた)」ということ
とで、…の真偽について話者は何も言っていない。(6)は思考の動詞を含む
例で、頭の中で「…と思う」ということで、これも、…が真であるというこ
とにはならない。(7)は譲歩で、「…であった(ある)としても」の意である
から、これも、…を真実として認めているわけではない。(8)は目的で、「…
になるように」ということで、…が現実となっていない事柄を表現してい
る。したがって、これらの例においても、仮定法語尾が使われていたことは
十分に納得できるものと思う。いうまでもなく、上記の例は PE なら、直説
法で済ますか、助動詞を用いるところである。このように、仮定法語尾は、
OE の豊富な語尾の一つで、他の多くの語尾と同様、ME の水平化を経て、
(1)(2)のような限られた事象を除いて消失していったことになる。した
がって、(1)(2)を歴史的にみるならば、明らかに法によって動詞語尾が決
まっていた古い英語の一般的な特徴が、現在では、一部の例外的な事象とし
て(「化石」として)残っている例であるといえる。先に述べた、(2)を should
が略された形とみる分析は PE のシステムの中で見た場合には正しいかもし

れないが、歴史的にはshouldのない形がOE以来ずっと使われていたのであって、shouldを入れた用法が仮定法の語尾の消失とともに、次第に優勢になったとみるべきで、その意味では「歴史的説明」は(2)をshouldの省略と見る「共時的説明」とは正反対の見方ということになる。shouldを用いるのがイギリス英語で、shouldのないのがアメリカ英語であるという「伝統的な」記述も、シェイクスピアの時代にはすでにshouldを含む新しい形も使われてはいたものの、shouldのない古くからの形(仮定法現在)が、より広く使われていたので、その古い形を携えて、17世紀にアメリカへ渡った人達がそれを使い続けてきたためと考えられる(アメリカ英語は一般的に、保守的なイギリス英語に対して、新しい語法を自由に創造する傾向があるといわれるが、逆の場合もあるということを忘れてはならない)。

以上、PEのある事象を、PEの「枠」の中だけでみる場合と、歴史の流れの中でみる場合とで、異なる「像」として映るということを示したが、これは、5.4節でみたI like 'em. の例と全く同様である。次節で同様の例をもう一つみて、法の話を閉じることにする。

練習問題

1. 次のシェイクスピアからの2例はいずれも仮定法語尾を示している。どうしてここでそれを用いるのか。また、PEならどうなるか。7.3節の(5)–(8)に対する説明に即して答えなさい。

   a. Here will I stand till Caesar pass along. (*JC* 2.3.11)
   b. I wonder if Titania be awak'd; ... (*MND* 3.2.1)

7.4 命令法

※現代英語には認められない命令法

上で、PEに直説法と仮定法を認めるかという議論をしてきたが、もう一

第7章　古英語の豊富な語尾変化(2)動詞　79

つ命令法を認めるかどうかという問題がある。

　PE の場合、命令文の Do it once. の do の形をどうみるかという問題である。動詞の形だけみると、二つの考え方が可能である。一つは、定形であるという考えで、直説法の 2 人称現在形と同じとみる考え方である。2 人称主語などどこにもないではないかと思われるかもしれないが、それが潜在的にあるという証拠がある。

［1］　命令文では You do it once. のように You を明示する場合もあるということ。

［2］　命令文では Shave yourself. のように再帰形が必ず 2 人称として表れる。(cf. *Shave {myself, himself}.)

[* は非文法的であることを示す。]

という事実がある。再帰代名詞は必ず、それと同じ人称・数をもつ先行詞 (antecedent) をもたねばならないから、この場合、主語位置に you が潜在的にあると考えられる。この議論では、命令文の動詞が定形であるということを示しただけで、事実を述べる直説法の You do it once. の do と同形であるから命令法をもうける強い根拠にはなっていないことに注意したい。

　もう一つの考え方は、命令文の動詞は定形ではなく、原形不定詞であるという議論である。その証拠は、下記の**付加疑問文(tag question)**である。

（9）　Do it at once, won't you? (cf. You can swim, can't you?)

付加疑問文ではふつう、付加されている部分(tag)は先行する文の主語と助動詞(さらに、先行文が肯定の場合は not が tag に加えられ、否定の場合は逆に、tag は肯定になる)が反映されるから、命令文には You will が潜在的にあり、ふつうはそれらが省略されているという議論になる。この議論でも、もちろん、命令文の動詞が非定形というのだから、命令法を認める理由にはならないし、命令法の存在についての議論の土俵にすら乗らない(7.3 節の

(4)に関する議論参照)。

　以上の PE の議論はいずれにしても、動詞の屈折に命令法が関与していることを認めるものではないが、定形とみるか非定形とみるかで、対立する見方を提示している点で面白い。この点を、歴史的にみるとどうなるか、以下でみることにする。

✄ 古英語に命令法はあるか

　OE においては、命令法という法をもうける確かな根拠がある。上記 hear の変化表と下記の命令法の語尾をよく見比べてほしい。

【OE 動詞　命令法の屈折】

単数	hier
複数	hieraþ

代名詞のところで触れたが、2人称代名詞は OE では単複で区別されていた。命令文はいうまでもなく、命令する相手が「あなた」であることもあるし、「あなたがた」になることもある。OE ではこの単複で命令文の動詞の語尾が異なっていたことがわかる。(PE の Do it at once. はその意味では、多義であることに注意したい。)ただ、それだけではまだ、命令法を認める根拠にならないことについては、よいであろうか。重要なのは、上の命令法の2種の語尾が、直説法や仮定法の2人称語尾と異なる、独自のものであるかどうかである。変化表から明らかなように、2人称複数命令法の場合は直説法 hieraþ と重なっているが、単数の命令形が、直説法 hierest とも仮定法 hiere とも異なっているのがわかる。これで、OE の法が {直説法・仮定法・命令法} の3とおりで、その区別で語尾が決められていたことが突き止められたことになる。この命令法の語尾も歴史的に後で消失したために、PE では、OE の時期とは全く「異なる眼鏡」で「異なる像」をみていることは、前に示した PE の命令文に関する二つの分析をみれば明らかである。

第 7 章　古英語の豊富な語尾変化 (2) 動詞　81

　以上、少し長い話となったが、OE の動詞の豊富な語尾を「法」という観点からみてきた。PE と較べて動詞の語尾がより豊富であったことは、さらに、7.3 節の動詞の変化表を観察すれば、容易にみつかると思う。例えば、PE では「3 単現 -s」というのがあるが、「2 単現 -st」もあったこと、PE の過去形は主語の人称や数に関していっさい変化しないが、OE では活用していたこと、仮定法も主語の数に応じて変化していたことなど、是非、読者も自分の目で確かめてみてほしい。

練習問題

1.　4 章の課題 1 で用いた *Sweet's Anglo-Saxon Primer* の同頁にあるマタイ 13 章 24–30 節 (毒麦の譬え) の中に本章で触れた命令法の動詞屈折が観察される。それをみつけなさい。

課題

1.　7.4 節で、OE の法に、直説法と仮定法に加えて、命令法を入れるという説明をしたが、本文中に与えた法の定義という観点から、その説明に疑問・問題がないかどうかを、検討しなさい (ヒント:「直接発話行為」という用語について調べてみる)。

83

第8章 「豊富な語尾変化」のまとめ
―総合的言語から分析的な言語へ

　OE の豊富な語尾を名詞と動詞を中心にみてきたが、その基本的な仕組み
と、それらの複雑な語尾が消失していったというおおまかな歴史の流れは理
解できたかと思う。「格」や「法」の記述の中で示した要点は、それらを表
す「道具」が変化してきたということである。例えば、「格」では、名詞語
尾で表していたのが前置詞＋名詞で、「法」では、動詞語尾で表していたの
が助動詞＋動詞で表すといった具合に変化してきた。もちろん、変化したの
は前置詞や助動詞という道具だけではないし、OE に前置詞や助動詞がな
かったかというと、けっしてそうではない。ただ、確かにいえることは、語
尾の役割が著しく縮小し、前置詞や助動詞などの道具を用いる必要が高ま
り、それらが「活躍する場」が著しく増大したということである。

　ところで、格とか法のような文法上重要な概念(意味)を形として表す場
合、語幹＋語尾のように語尾を変化させた 1 語形式を用いる言語を**総合的**
(synthetic)言語というのに対し、前置詞＋名詞、助動詞＋動詞のように 2
語形式(**迂言形**(periphrasis)とも呼ぶ)で表す言語を**分析的(analytic)言語**と
いう。どちらの形をとるかは言語毎に異なる場合もある。例えば、英語では
完了相(perfect aspect)は基本的には have ＋過去分詞のように分析的に表す
が、ラテン語では動詞の語尾を用いて総合的に表していた(ama-vi 'I have
loved')。その意味では、以上みてきた英語史の大きな流れは、総合的な言語
から分析的な言語への移行と要約できる。

84

課題

1. OE の名詞の対格・属格・与格の基本用法を 5.1.4、5.1.6 で解説したが、そこでみた例とは異なる OE の格の用法を調べ、その中から PE で分析的な表現に変化している用例をみつけなさい。

第9章　ノルマン人の征服（1066年）と英語

†参考：ME のサンプル

　次の英文をみて、この中に OE から存在する英語本来の語がどれくらいあるか数えてみよう。

> The *capacity* to *express* three or four *different* shades of meaning and to make *fine distinctions* is one of the *distinctive features* of the English *language* after the *Conquest*.（三つ四つの微妙に異なる意味を表現したり、細かいニュアンスを区別できるようになったこと、これが（ノルマン人の）征服以降の英語の特徴の一つになっている。）

　この文は 29 語からなるが、そのうち斜字体の 9 語がフランス語（ないしは、ラテン語）から借入したもので、それ以外の 20 語が英語本来のものである。この例に象徴されているように、フランス語の影響、特に語彙面での影響は現代の英語を成立させる上で、見逃すことのできないものの一つである。その影響の強さを測る目安として、借入語彙数をみればわかりやすい。ME 期にフランス語から英語に入ってきた単語は 10,000 語くらいといわれ、そのうち約 7,500 語が今日に残っているという。日常使われている 1,000 語の 6 割が本来語、3 割がフランス語、残り 1 割が他言語といわれる。
　本章はフランス語が英語と関わることとなったいきさつと、中英語をめぐる外面史の概略をみることにする。

❊ ノルマン人の征服―英語の危機

　アルフレッドの子孫である Wessex の王家を引き継ぐエドワード証聖王(懺悔王)(Edward the Confessor、1042-1066 在位)が 1066 年に死去した。アングロサクソン最後の王になってしまった彼には後継ぎがなく、王位継承をめぐって、West Saxon の貴族ハロルド(Harold)と、エドワードから継承を約束されていたというノルマンディ公ウィリアム(William, Duke of Normandy)との争いになった。ノルマンディというのは現在のフランス北部であるが、当時は、英仏の明確な区別はなく貴族は両方に領地をもっていて、行き来があった。

　ノルマン人(Norman < North + man)というのは人種的には 8-11 世紀にかけてブリテン島に侵入した北欧人と同じゲルマン人であり、9-10 世紀にフランス北部に侵入していた部族のことをいう。彼らはフランス北部に定住した後はキリスト教を受け入れ、母語を捨て、フランス語を使うようになっていた。それを特に Norman French という。11 世紀にはすっかりフランス化して、文化的にも栄え、この頃からイギリスとの密接な関係を持っていた。

　この王位継承の攻防はヘイスティング(Hastings)の戦い(1066 年)でウィリアムが勝利し、同年、クリスマスにウィリアム 1 世(William the Conqueror, 1066-1087)として王位につき、全英を平定した。ロンドンが首都になったのもこの時である。これが、英国史上最も重要な事件といわれる**ノルマン人の征服**である。これ以後、エドワード 1 世(Edward I、1272-1307 在位)まで英語の話せない王が続くことになる。

　これにより、王だけでなく政治(宮廷)・聖職(教会)・法律等の要職はアングロサクソンから英語を話さないノルマン貴族に代わり、英語は危機的な状況に入った。当時のイギリスの全人口は約 150 万人、そこへよそものの 1-2 万人のノルマン人が入ってきたわけである。事実、この時期から 200 年以上、フランス語が上流階級の唯一のことばとなり、英語で書かれた文献が13 世紀の初めまでぴたりと止まり、英語は庶民の言葉として、地下に潜ることになる。

第9章　ノルマン人の征服(1066年)と英語　87

　ノルマン人(征服者)―アングロサクソン(被征服者)、この図式を明確に示す、面白い事象が英語に残っている。人間が食用にしている動物を指す語彙、例えば、ox、calf、swine、sheep などは英語本来語であるが、それが調理され食卓にのると、beef、veal、pork、mutton というフランス語が使われているというのである(スコット(Sir Walter Scott)の『アイヴァンホー(*Ivanhoe*, 1819)』という小説の中で取りあげられてから有名になった話である)。

✂ 英語の復活とフランス語の衰退

　この危機的な状況にも拘わらず、英語が廃れなかったわけについては、いろいろな分析ができるが、

[1]　ノルマン人の征服前に、英語が庶民の言葉として、しっかり根付いていて、支配階級とはいえ、数の上では圧倒的少数派のフランス語が大多数派の英語を駆逐するには至らなかったということ。

[2]　ノルマン人と被征服者であるアングロサクソンとが、征服時にははっきり区別されていたが、100年もたたない内に、部族間結婚もあり、融合したこと。

[3]　ヘンリー2世(Henry II、1154–89在位)以来、フランスとの不和が続き、ついにジョン欠地王(John Lackland、1199–1216在位、Richard I の弟)の時代の1204年、彼の軍事的失敗によってノルマンディを失ったこと。これ以後、仏英両方に領地を持っていた貴族も英仏王のいずれかに忠誠を誓わざるを得なくなったこと。

などが理由としてあげられる。やがて、ノルマン征服から1200年頃までの英語の沈黙が破られる。13世紀になると英語の勢いが堰を切ったように、高まっていく。と同時にフランス語の衰退が加速した。この加速の原因として次の点が考えられている。

88

[1]　当時のイギリスのフランス語は Norman French がさらに英語化された Anglo-French と呼ばれるもので、威信のある標準のフランス語ではなかったこと。

[2]　エドワード 3 世(Edward III、1327–1377 在位)の時に始まるフランスとの百年戦争(1337–1453)で敗北したこと(戦況は、初期には 1346 年に Crecy で、1356 年に、Poitiers の戦いで勝利、ヘンリー 5 世(Henry V、1413–1422 在位)の時には 1415 年に Agincourt で勝利し、有利に展開し、フランスを支配する勢いだったが、1422 年に彼が死に、ジャンヌダルク(Joan of Arc, 1412–1431)の出現で、戦況は一変し、敗北となる)。14 世紀後半からフランス語は敵性語とされ、英語に対する意識が高まったこと。

[3]　1348–1350 年の黒死病(Black Death(14 世紀中に 3 回流行))により、全人口の 3 分の 1 が死んだといわれる。これにより労働力の不足になり、労働者階級の地位を高めることになり、英語の地位も向上し、教会の聖職者などにもフランス語やラテン語を知らない人が台頭したこと。

などが原因としてあげられる。かくして、英語は 14 世紀に完全に復活した。1362 年には議会の開会宣言が英語で行われ、1385 年には英語が学校教育で定着し、ヘンリー 5 世は公文書で英語を用いた。1423 年には議会で英語を使用することになった。まだラテン語やフランス語などが使われていた時期に活躍した詩人チョーサー(Geoffrey Chaucer, 1343–1400)が英語で詩を書いたのも、この 14 世紀であったことも忘れてはならない。いわば、英語復活期に「英語を築いた人」といえる。

　参考のために、ME で書かれた英文の一節(チョーサーの『カンタベリー物語(*Canterbury Tales*, 1387–1395)』から、散文で書かれた「メリベウスの物語」(*The Tale of Melibee*)の冒頭部分を右にあげておく。

†参考：ME のサンプル

A yong man called Melibeus, myghty and riche, bigat upon [1]
his wyf, that called was Prudence, a doghter which that called
was Sophie./

Upon a day bifel that he for his desport is went into the
feeldes hym to pleye./ His wyf and eek his doghter hath he left [5]
inwith his hous, of which the dores weren faste yshette./ Thre
of his olde foes han it espyed, and setten laddres to the walles
of his hous, and by wyndowes been entred, / and betten his
wyf, and wounded his doghter with fyve mortal woundes in
fyve sondry places, - / this to seyn, in hir feet, in hire handes, [10]
in hir erys, in hir nose, and in hire mouth, -and leften hire for
deed, and wenten awey./

Whan Melibeus retourned was in to his hous, and saugh al
this meschief, he, lyk a mad man, rentynge his clothes, gan to
wepe and crie./   [15]

Prudence, his wyf, as ferforth as she dorste, bisoghte hym of
his wepyng for to stynte; / but nat forthy he gan to crie and
wepen evere lenger the moore.

(F. N. Robinson（ed.）1957². *The Works of Geoffrey Chaucer*.
London: Oxford University Press. p. 167. ll. 967–75)

90

［注］

[1] **yong**=young, **myghty**=mighty, powerful, **riche**=rich, **bigat**=begot, fathered

[2] **wyf**=wife, **doghter**=daughter

[4] **bifel**=happened（主格の it を伴わない動詞の例で、非人称動詞 (impersonal verb) と呼ばれる）, **desport**=sport, enjoyment, **is went**=is gone（ME wenden 'go' の過去分詞。古くは be ＋自動詞の過去分詞で完了を表していた。同種の用法が 8、13 行にもみられる。）

[5] **feeldes**=fields, **hym**=him, himself, **pleye**=play, **eek**=also, **hath**=has

[6] **inwith**=within, **hous**=house, **dores**=doors, **weren**=were, **faste**=firmly, **yshette**=shut（y- は OE の過去分詞の接頭辞 ge- に由来）, **Thre olde foes**=three old foes（世間、肉体、悪魔を指す）

[7] **han**=have, **espyed**=espied, **setten**=set, **laddres**=ladders, **walles**=walls

[8] **wyndowes**=windows, **been**=are, **entred**=entered, **betten**=beat

[9] **fyve**=five, **woundes**=wounds

[10] **sondry**=sundry, various, **this to seyn**=that is to say, **hir**=her, **hire**=her, **handes**=hands

[11] **erys**=ears, **leften**=left

[12] **deed**=dead, **wenten awey**=went away

[13] **Whan**=when, **retourned**=returned, **in to**=into, **saugh**=saw, **al**=all

[14] **meschief**=mischief, misfortune, **lyk**=like, **rentynge**=tearing, **gan**=began?（ME gin の過去形。この動詞は、ほとんど意味のない、時制を示す助動詞としての用法もあった。）

[15] **wepe**=weep, **crie**=cry

[16] **as ferforth as**=as far as, **dorste**=dare, **bisoghte**=besought

[17] **wepyng**=weeping, **for to**=to（14 章参照）, **stynte (of)**=cease, leave

第 9 章　ノルマン人の征服(1066 年)と英語　91

off(of 句が stynte の前にきている), **nat forthy**=nevertheless

[18]　**wepen**=weep, **evere**=ever, **lenger**=longer, **moore**=more

練習問題

1. 下記の 3 語からなる語群は、本章の冒頭にあげられている英文の
   内容を示す具体例である。左コラムが英語本来語、中コラムがフラ
   ンス語からの、右コラムがラテン語からの借用語である。(　)の中
   に適当な単語を入れなさい。

   a.　(a　　　　)－　　question　　– interrogate
   b.　(r　　　　)－　　mount　　– ascend
   c.　　　time　　–(a　　　　　)– epoch
   d.　　　foe　　–(en　　　　)– adversary
   e.　(　　　ly)－　　royal　　– regal
   f.　　　help　　–　(　id)–(　　　ance)

課題

1. 次の単語のペアのそれぞれについて意味と語源を調べてわかったこ
   とを述べなさい(ヒント:本章のフランス語衰退を加速させた原因
   [1]と、6 章の「二重語」を参照)。

   catch – chase
   guarantee – warrant
   guardian – warden
   gage – wage

第 10 章　多義の回避
―語順変化（SOV ＞ SVO）

　一つの言語形式が一つの意味に対応するというのが言語の原則——最も理想的な状態——であることは直感的に理解できる。この原則に合わない状況として、例えば、一つの形式が二つ以上の意味に対応したり、その反対に、一つの意味が二つ以上の形式に対応する場合が考えられる。前者を**多義**（**ambiguity**）、後者を**パラフレーズ**（**paraphrase**）と呼ぶ。特に、多義が生じた場合には、コミュニケーション上、誤解などの支障をきたす可能性があるわけで、その多義を何らかの方法で避ける形で、言語（文法）が変化していくことがある。多義自体が、その変化を引き起こす直接の動機であるかどうかは不明でも、結果的に変化の後で多義が解消されていることがある。

✂ 古英語の基本語順

　PE では、主節、従属節のいずれにおいても主語―動詞―目的語（SVO）の語順が確立されているが、OE では、主語や目的語として機能する名詞句が格を表す語尾変化をもっていたので語順は比較的自由であったといわれる。しかし、まったく自由であったかというと、そうではなく、ある一定の範囲内で許されている自由と考えるべきであって、OE でさえ、好まれる語順の一般的な傾向は観察できる。OE の一般的な語順は、主節では SVO、従属節では SOV といえる。(1)のようにドイツ語で従属節の定形動詞が節尾に生ずるのとまったく同じで、OE でも（2a–b）のような従属節で SOV がよくみられる。

（1）a.　Ich weiß, daß Heinrich die Frau liebt.

94

[I know that Henry the woman loves.]

(=I know that Henry loves the woman.)

b. Der Mann, der die Frau vor einigen Tagen besuchte, ist Heinrich.

[The man, who the woman before a few days visited, is Henry.]

(The man who visited the woman a few days ago is Henry.)

（2）a. gif hie ænigne feld secan wolden (*Anglo-Saxon Chronicle* Anno 894)

[if they any field seek would]

(=if they wanted to seek out any open country)

b. hit nan wundor nys þæt se halga cynincg untrumnysse gehale (*Ælfric's Lives of Saints* 26.274)

[it no wonder ne+is that the holy king sickness heal]

(=It is no wonder that the holy king should heal sickness.)

　この従属節での SOV は OE 末期には衰退し、代名詞が目的語となっている場合などを除けば、ME ではまれである。すなわち、従属節においても SVO が確立していく。また、上では触れなかったが、英語の祖先を OE 以前にさかのぼると、印欧祖語(PIE)では基本語順は SOV であったと考えられている。まとめると、次のようになる。

	PIE	OE	ME-PE
主節	SOV >	SVO	SVO
従属節	SOV	SOV >	SVO

　ここで、二つの問題提起をする。(i)なぜ SOV から SVO への変化が英語に起こったのか、(ii)なぜ、その変化は最初、従属節ではなく主節に起こったのか。これらの問題は英語史の中でも特に興味深い問題として、様々な説明が試みられてきた。これらの問題に答える前に、OE の言語事実について、2 点みておく必要がある。

第 10 章　多義の回避　95

⚔ 主格と対格の区別

　既に OE の名詞の変化のところで触れたことだが、5.1.6 の OE 名詞変化
表と 5.4 節の OE 人称代名詞変化表を再度みながら、次のことを確認してほし
しい。OE の名詞は印欧語の特徴を受け継ぎ、格を表す語尾をもっていた
が、主格と対格については、名詞では多くの場合、そして代名詞の一部で
は、区別されていないことに気づく。例えば、強変化男性・強変化中性名詞
では、

	単数	複数
主・対格	cyning 'king'	cyningas
主・対格	daeg 'day'	dagas
主・対格	scip 'ship'	scipu

のように、単複については区別できても、主格と対格の区別はつかなくなっ
ていた。即ち、名詞につく定冠詞が格を明示している場合を除いて、多くの
場合に名詞語尾から S と O の判別をすることができなかったわけである。

⚔ 話題化規則

　ところで、PE では、(3a)を(3b)に変える**話題化(topicalization)**という規
則がある。

（3）a.　John likes bananas.

　　　b.　Bananas, John likes.

　(3b)のような目的語を前置した(他にも、副詞などが前置されることがあ
るがここでは考えなくてよい)構文は**話題化構文**と呼ばれ、ふつう、前置さ
れた目的語の後ろに、少しポーズが置かれる。ところで、この構文が実際に
どのように使われるかについては、意外に、知らない(誤解をしている)学習

者が多い。(3b)が、「バナナ」を強調した構文であるという理解をしている場合が多いようだが、それでは十分に理解したことにはならない。(3b)のJohnとbananaがそれぞれ、likeの主語と目的語であるという点では(3a)とまったくおなじであること、ここまでは理解しているのであるが、そこから先がどうも怪しい。3語からなる単純な文にみえるが、実は、日本語を外国語として学習している人にとって、助詞の「は」と「が」の違いが難しいと感ずるのとまったく同じように難しい。これをきちんと説明するためには、かなりの紙幅を必要とし、本書の主題ではないので、以下では、簡単な説明にとどめるが、詳細は、ぜひ、文法書で調べてほしい。

　この構文は簡単にいうと、先行文脈(談話(discourse))の中、すなわち、(3b)を発話する(書く)前に話され(書かれ)たことばの中)に、bananaそのもの、ないしはbananaに関わる情報が、すでに語られて(書かれて)いる場合にしか使われない。その情報を話題として文頭に置くための、基本語順を変える規則である。日本語でいえば、「バナナっていえば(バナナについては)ジョンが好きなんだ(好きなの)」に近い言い方で、It is bananas that John likes.「ジョンが好きなのは(ほかでもない)バナナなんだ」という強調構文(cleft sentence)とは異質なものである。この点だけでも覚えておくとよい。

　話を本題に戻すが、OEにも、そのような話題化構文があったと考えられている。そのような仮定で、次の例文の下線部をみよう。

（4）　... þa hergodon hie up on Suþseaxum ... ond þa burgware hie gefliemdon.
　　　[=then they made raids on the South Saxons ... and the city dwellers they put to flight.] (*Anglo-Saxon Chronicle* Anno 895)

この場合、文脈からみて、hie 'they'(すなわち、北欧人を指す)が主語で、þa burgware(=the city dwellers 南サクソン人)がgefliemdon(=put to flight)の目的語で前置されている、ちょうど(3b)のような話題化構文であると考えられる。ただここで注意せねばならないのは、もし基底語順が主節でSOVであ

ると仮定すると、形だけから判断すると、下線部は多義になるということである。þa burgware も、代名詞 hie も主格・対格の区別はない(5.2 節の定冠詞と 5.4 節の人称代名詞の変化表を参照)から、形式上は、they put the city dwellers to flight の意と、the city dwellers put them to flight の意ともとれ、多義なのである。このような多義は、一般に、避けられる方向で言語(文法)が変化することがあり、このような多義が生ずる状況が、SOV から SVO への変化(SVO の確立)を引き起こす引金になったとも考えられる。即ち、基本語順が SOV であると考えると、上記の二つの解釈——話題化を受けた解釈(↑SOV、すなわち、OSV)と受けない解釈(SOV)——が可能になるが、SVO に変わったと考えると、後者の解釈(SOV)the city dwellers put them to flight は原理的に排除されるからである。

　さて、もう一つの問題——なぜ SVO への変化が最初、主節で起こったのか——についてであるが、これについても PE の話題化の事象からヒントが得られる。

（５）　*I fear that *each part* John examined ＿＿ carefully.

(5)が示すように、話題化規則は主節の要素だけに適用される規則で、従属節の中の要素には適用されないという性質をもっている。もし OE の話題化についても同様の性質をもっていたと仮定すれば、上で述べたような多義は主節でのみ生ずることになるので、そこでの多義を回避するため、SOV から SVO への変化も、最初は主節でのみ起こったという説明になる。なお、主節に起こった SVO への変化がどのように従属節に及んでいくのかについては、別の問題でここでは立ち入らない。

　OE の語順は実際にはもっと複雑な様相があり、上の議論も、詳細に検討すれば種々の問題もでてこよう。しかし、ここでは変化の説明として「多義の回避」という一つの考え方があることを理解してほしい。

練習問題

1. 次の英文は多義である。二つの意味解釈についてまず説明しなさい。また、その多義を回避するために once again をどこかに移動させたい。それはどの位置になるか説明しなさい（ヒント：分離不定詞（split infinitive））。

    Michael Jordan made up his mind once again to play basketball.

2. 5章（3人称複数代名詞の化石）と、6章（閉鎖類の借用）で they/their/them について触れたが、この借用は本章の「多義の回避」という観点から考えるとどのようにいえるだろうか（ヒント：5.4節の人称代名詞の変化表の、特に3人称の部分を参照）。

3. 次の英文(a)(b)は現代英語としてみれば多義ではないが、初期の英語（OE、ME、EModE など）では多義であったと考えられる。それはなぜなのかを説明しなさい。

    a. The students tried not to lose a word of my lecture.
        （ヒント：本書の12章を参照。）
    b. John shaved him.
        （ヒント1：再帰代名詞；ヒント2：7章練習問題で用いたマタイ13章24–30節（毒麦の譬え）の26節「毒麦が姿を現した」のOEの原文参照。）

4. 次の英文は、ある動物愛護の活動家がその活動のきっかけになった出来事を語っている一節である。下線部分の英文を**翻訳家になったつもりで**自然な日本語に直しなさい（冒頭部分からの翻訳の流れで自然な和訳になるように注意すること）。

第 10 章　多義の回避　99

FIRST RESCUER

'It all began 27 years ago,' recalls 48-year-old Pat Hartley. 'My parents were looking for a pony for me and we heard there was a hawker selling one, but when we arrived to see her, she'd already been sent to the slaughterhouse! We rescued her at the gate just in time. The next one we dug out of a snow-drift. Since then we've never looked back.

Running the animal sanctuary is a .....

[*Food for Thought (Book 1)* p. 87. 研究社]

第 11 章　語順変化と知覚
―外置構文の歴史

　前章で英語の基本的な語順が SOV > SVO のように変化したことに触れたが、ここでは、その変化が別の面で及ぼした一つの影響についてみることにする。

✂ 文法と知覚
　ある文が文法の原則にかなっている(文法的)かどうかということと、その文がどのように**知覚**(perception)される――実際の場面でどのようにその文が理解される――かという問題は、お互いに関連はするものの、一応、分けて考える必要があるとされてきた。例えば、単純な例を使うと、等位接続(coordination)は、文法としては、$X_1, X_2, X_3, ...$ and X_n のように任意の数の等位項を結ぶ仕組みを認めておいて、実際の知覚については、人間の記憶量が有限である限り、非常に多くの等位項を含んだ長い文の場合には、その知覚(理解)が困難になると考えたり、従位構造(subordination)においても、

（1）　I think (that) John supposes (that) Mary believes ... Bill considers (that) the earth is flat.

のように、文法(原理)的には、従属(that-)節をいくつも深く埋め込んでも良いとしておきながらも、実際の知覚については、等位接続の場合と同じ理由で、理解が難しくなると考える。ふつう、目的格の関係詞は省略できるが、次の文は見て(聞いて)すぐに知覚(理解)できるであろうか。

（2）　The boy the girl the man liked hit cried.

少し時間が与えられて、やっと理解できるかもしれない。これも、目的格の関係詞を2箇所で省略しただけの、文法的には特に問題のないはずの文なのに、なぜか、知覚しづらい。

✄ 中央埋め込みと接続詞の並列

　文の知覚の研究者は、文法の原理と知覚の方法とを分けて、特に文法で生み出される構造的な特徴に着目しながら、どのような場合に、知覚上の困難が生じるかという点について解明してきた。

　例えば、次の文をみよう。

（3）a.　I called up [the man]$_{NP}$.

　　　b.　I called [the man]$_{NP}$ up.

　　　c.　I called up [the man [who wrote the book]$_S$]$_{NP}$.

　　　d. *[I called [the man [who wrote the book]$_S$]$_{NP}$ up]$_S$.

（3a）から（3b）を導く規則は動詞-不変化詞移動（verb-particle movement）と呼ばれるが、これを（3c）（これは、関係節を含む点を除けば、名詞句を目的語に取っている点で（3a）と全く同じである）に適用すると、なぜか、（3d）は非文となる。そこで、この移動規則に特別な条件をつけるのではなく、文法では（3d）を（3b）と同様、生成されることにしておいて、知覚の観点から、（3d）が不適格であることを説明する。ここでは、（3d）が（4）のような構造になっていることに着目する。

（4）

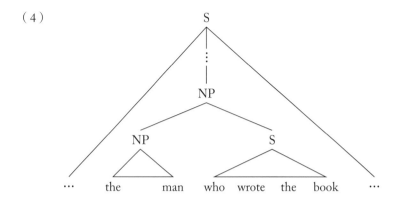

（文を構成している語と語がどのように結びついて、どのような有意味なまとまり（構成素(constituent)）を構成しているか、その点に関する情報を句構造(phrase structure)という。(3d)と(4)はその句構造の一部分を表示したもので、前者を標示付き括弧(labeled bracket)、後者を樹形図(tree diagram)と呼ぶ。両者は表示の仕方が違うだけで表している情報（句構造）は同じである。ここでは、この文全体がS(sentence、文)、the man who wrote the bookがNP(Noun Phrase、名詞句)、who wrote the bookはSという有意味なまとまりを構成しているということだけわかればよい。その他の句構造に関する詳細は省略する。）

　(4)のように、Sが別のSの中央部に埋め込まれている（上記(4)の左右の…はいずれもゼロでない((3d)では、左にI calledが、右にupが、入っている)ことに注意)構造を**中央埋め込み(center embedding)**と呼び、その構造が知覚上の困難をもたらすと考える。(3c)は中央埋め込みになっていないので、知覚上、問題がない。ちなみに、(2)もこの中央埋め込みの例と考えられる。

　別の例を一つみよう。PEで従属(that-)節が主語位置に埋め込まれている、

（5）　That the earth is round is obvious.

は問題ないが、この(5)をさらに、大きな文の主語位置に埋め込むと、

（ 6 ）　*That that the earth is round is obvious is dubious.

となるが、これも、「that- 節を主語位置に埋め込む場合は一つだけで、二つ以上は許されない」というような、直感的にも不自然な条件を文法に書くのではなく、文法では任意の数の埋め込みを認めておいて、知覚の観点から(6)が不適格であることを説明する。ここでは、**接続詞の並列**（**conjunction juxtaposition**）、即ち、that that が知覚上の困難をもたらすと考える（ここで(6)は、that- 節全体が S であると考えると、中央埋め込みにもなっていることに注意）。

　ところで、(6)の知覚上の困難を取り除く方法はあるだろうか。(5)の文でさえ、少し不自然さを感じた人は、それを、

（ 7 ）　It is obvious that the earth is round.

とするであろう。(5)から(7)を導く規則を**外置**（**extraposition**）と呼ぶ。(6)にもこの外置を 2 回適用すると、(8)のような、知覚しやすい文にすることができる。

（ 8 ）　[It is dubious [that it is obvious [that the earth is round]ₛ]ₛ]ₛ.

このように、外置は(5)と(7)を関係づける文法規則であるだけでなく、中央埋め込みを解除することによって知覚上の困難を取り除く働きをもっていることに注意したい。

　前置きはこれくらいにして、次に外置構文の歴史を知覚の観点と、前章で触れた語順の変化と絡めて考えてみよう。

第 11 章 語順変化と知覚　105

✂ 外置構文の歴史

　英語では外置された構文(7)の方が主語位置の補文(5)より歴史が古いという事実がある。

（9）　It is obvious that the world is round. ＞ That the world is round is obvious.

この事実を上記の知覚上の困難という視点から説明してみよう。

　英語の基本語順が前章でみたように SOV ＞ SVO のように変化したとすると、その変化によって、知覚の困難にどのような状況変化がもたらされたかということが問題になる。

　まず、SOV の時代からみていく。知覚の困難を引き起こすと考えられる中央埋め込みと接続詞の並列が含まれているかどうかを、次の4文についてみる。中央埋め込みが含まれる場合は C、接続詞の並列は J と、それぞれ例文の末尾に表記する。（なお、ここでは、be ＋形容詞は全体で V と、that- 節は that を含めて全体で S と、考える。）

（10）a.　[that [that the earth is-round] is-obvious] is-dubious（C and J）

　　　b.　John [that [that the earth is-round] is-obvious] says（C and J）

　　　c.　[that everyone [that the earth is-round] knows] is-obvious（C）

　　　d.　John [that everyone [that the earth is-round] knows] says（C）

（C and J）のように2点で抵触している場合は、1点のみの抵触(C)より、さらに知覚が困難になるものと思われる。(10)が示すように、接続詞 that が節頭に生ずる英語では that- 節が主語位置に限らず、目的語位置に埋め込まれた場合にも、知覚上の困難が生じたことになる。

　次に、SVO の時代をみる。全く同様のことをチェックしてみよう。

（11）a.　[that [that the earth is-round] is-obvious] is-dubious（C and J） b.　John says [that [that the earth is-round] is-obvious] (C and J)

c.　[that everyone knows [that the earth is-round]] is-obvious (C)

d.　John says [that everyone knows [that the earth is-round]]

(11a–c)のように主語位置に埋め込まれた節のみに、知覚上の困難が生ずることがわかる。この困難を取り除く形で、外置が適用される。(11a)に外置を1回かけると、少し知覚しやすい(12)になり、2回かけるともっとわかりやすい(13)になる。

(12)　[that it is obvious [that the earth is-round]] is-dubious (C)

(13)　it is-dubious [that it is-obvious [that the earth is-round]]

　したがって、知覚上の困難という視点からは、主語位置、目的語位置に拘わらず、知覚の困難が生ずる SOV の方が、主語位置のみに生ずる SVO より、好ましくない状況にあるといえる。つまり、SOV では、外置や他の手段を用いて、その困難さを取り除く動機がより強かったといえる。実際、SOV 言語では外置を含む場合が多い。例えば、ドイツ語(従属節で SOV になる言語)でも従属節で外置が使われている。

(14) a.　*Ich denke daß [daß die Erde rund ist], deutlich ist.

b.　Ich denke daß es deutlich ist, [daß die Erde rund ist].

c.　*Ich denke daß Maria [daß die Erde rund ist], glaubt.

d.　Ich denke daß Maria glaubt [daß die Erde rund ist].

このような SOV と SVO の状況の違いで、英語の外置構文の歴史を説明できる。即ち、初期の英語では SOV であるから、外置を適用する必要度がそれだけ高かったので、多くの場合(知覚の困難をそれほど含まない(5)のような例も含めて)、外置が適用され、that- 節は外置された位置に生じたが、

第 11 章　語順変化と知覚　107

SVO へと変化した段階では、外置の必要度が低くなったため、新たに、(5)
のような、外置されていない形が生ずるようになったという説明である。

練習問題

1.　次の文は、本文中の例(2)と同じ中央埋め込みの構造をもっている
　が、知覚上は(2)よりも理解しやすい。それはなぜだろうか、その
　理由を考えなさい。

The gift the girl the dog bit received glittered.

2.　PE で目的格の関係詞が省略されることはよくあるが、これを
　EModE について調査した研究がある。それによれば、

（ⅰ）　John saw the man she admires.
（ⅱ）　John saw the man the woman admires.

みつかった例の 98% 近くが、(ⅰ)のように、関係節内の主語が代名
詞((ⅱ)のような普通の名詞句でなく)になっている例であったとい
う。なぜだろうか、知覚という観点から考えてみよ(ヒント：本文
中の例(2)における知覚上の困難さとも多少関係する)。

第 12 章　分極の仮説
―規則と例外

✂ 規則と例外の習得―大規則と小規則

　言語(母語)を習得するということはどういうことなのであろうか。一つの考え方として、その言語の正しい語、句、文を全て記憶するということがあるかもしれない。しかし、潜在的に可能な語、句、文の数は無限であり、人間の脳の記憶量が有限であることを考えると、この考え方は支持できない。そこで、下の図のような比較的簡単なモデルを考えてみる。まず句や文を作るためには「語」を覚えなければならないのは当然である。そこで有限個の語彙を収めた**辞書(lexicon)**――ここで「辞書」というのは「記憶せねばならないすべての語」のリストのことで、各語にはその発音や意味に関する情報などが記載されている、日常使う辞書のようなものをイメージすればよい――が脳に記憶されると考える。そしてさらに、その辞書に収められている語をいくつか結びつけて正しい句や文を作る**規則(文法)**があると考える。これらの規則はもちろん記憶が可能な有限個の規則と考える。

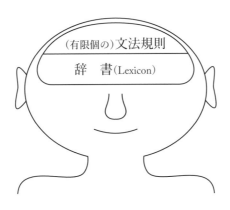

話がやや抽象的になったので、ここで、まず「記憶可能な規則」とは具体的にどんなものなのかを理解するために、比較的単純な「規則」の例と、やや複雑な「規則」の例を一つずつみていくことにする。

✂ 名詞の複数形を造る規則

上で、「規則」と「辞書」の説明の中に「語」というものが2箇所で言及されていたのに気づかれたであろうか。「辞書」には、記憶されねばならない「語」として、「規則」には、それによって造られる「語」として、言及され、一見矛盾しているように思われたかもしれないが、そうではない。次の例をみよう。

（1） book, bag, bus

（2） books, bags, buses

(1)の単数形は、もちろんのこと「記憶せねばならない語」の例であるが、(2)の複数形はそうではなく、「記憶する必要のない語」、すなわち、「規則によって造られる語」と考えられる。(1)のような単数の名詞が与えられると、初級レベルの英語学習者でも複数形をbooks、bags、busesのように容易に造れるであろう。それはおそらく単数形から複数形を造る規則を習得(記憶)していると考えられるからである。その規則は概略、

（3） 複数形規則：

単数N + -(e)s　⇒　複数N

のような個々の語に言及しない名詞という範疇(N)のみに言及する「抽象的」な形式をもつ規則であろう。仮に100個の単数名詞を覚えた(記憶した)としたら、それらの複数形100個を一つ一つ覚えるのではなく、(3)の規則を一つ習得していれば100個の複数形の語は、Nのスロットに単数名詞を

入力するだけで、自動的に造れると考えられる(ちなみに(2)の複数形語尾の発音は books [s]、bags [z]、buses [ɪz] のように 3 とおりであるが、ここでは <-(e)s> のみに着目する)。したがって、新しい単数名詞を一つ覚えると、その複数形は語として覚える必要がないので、「辞書」には記載されないことになる。

ところで(3)の規則に(4)のような例外があることは、本書の 5.1.7–5.1.9 などで触れたとおりである。

（4） foot — feet, man — men, sheep — sheep, child — children

これらの例外は脳の中でどのように処理されるのであろうか。当然、記憶されなければならない。ここでは、辞書にリストされている foot、man、sheep、child のそれぞれに**(3)の規則が適用されないという情報**を加えると考えてみる。そうしないと *foots、*mans のような不適格な語を造ってしまうからである。すなわち、例外的な複数形も一つ一つ辞書に記載され単数形とは別の「語」として記憶せねばならないことになる。しかし、これらの例外の数は決して多くはないので、言語習得(記憶の負担)上はそれほど大きな問題とはならない。

✂ 受動態規則

次に、複数形規則よりやや複雑な規則の例を一つみることにする。

（5） a.　John loves Mary.
　　 b.　Mary is loved by John.

(5a)のような能動態(active voice)の文を与えられたら、初級レベルの英語の学習者でも、(5b)のような受動態(passive voice)の文を難なく作れる。これは、おそらく能動態から受動態に変える「規則」を一つ習得しているから

112

であろう(なお、ここでは能動態の文自体をどのように造るかについては問わなくてよい)。その「規則」とはどんなものであろうか。当該の文に使われている個々の動詞、名詞の語を知らなくても受動態の文を造れるのであるから、おそらく、「語」に言及しない形で規則を習得しているものと思われる。大まかにいえば、(6)のように、動詞とか名詞のような**範疇(category)**の配列に言及した規則として習得していると考えられる。

（6） 受動態規則：

名詞句$_1$ ― 動詞 ― 名詞句$_2$ ⇒ 名詞句$_2$ ― be ＋動詞の過去分詞 ― by ＋名詞句$_1$

もし、個々の他動詞の語に言及された規則であれば、存在する他動詞の数だけ規則を習得せねばならなくなって、先に述べた「有限の記憶量」ということから、不自然なことになる。そうではなくて、どんな能動態の文が与えられても、どれが主語や目的語の名詞で、どれが動詞かがわかれば、あとは上記の受け身規則一つを習得すれば受動態の文が造れると考える。

　ところで、他動詞の数はかなりあるわけだが、この受動態の規則に関しても、複数形規則の場合と同様に、いくつか例外となる他動詞がある。つまり、(6)の配列型に合致していても、受動態が非文になるものがある。

（7）a.　John resembles his father.

　　 b.　*His father is resembled by John.

（8）a.　This jacket suits you.

　　 b.　*You are suited by this jacket.

resemble、fit、become、suit、weigh、cost 等の動詞である。これらの動詞の場合、(7b)(8b)のような非文を造らないようにするためにはどうしたらよいであろうか。これも上述の複数形規則の場合と同様に、一つの考え方として、辞書の中で、これらの例外となる他動詞の一つ一つに、**(6)の規則が適**

用されないという情報を加えると考えてみる。いわば例外であることが一つ一つ記憶されるわけであるが、この場合も、記憶という点からは、それほど問題にはならない。なぜなら、例外の数はそれほど多くないからである。

以上、脳内に記憶される「規則」の例を二つみたわけであるが、両者とも多くの語に（複数形規則の場合は、多くの名詞に、受動態規則の場合は、多くの他動詞に）適用され、ごく一握りの語を例外としてもつような性質をもっていることに気づく。この種の規則を**大規則**（**major rule**）と呼ぶことにする。

ところで、英語には上で述べた大規則と全く正反対の性質をもった規則がある。それを次にみていくことにする。

✂ 否定辞繰上げ規則と Tough 移動規則

次の例文の(9b)は、

(9) a.　I think that John is not happy.

　　 b.　I do not think that John is happy.

多義（「…幸せであるとは思わない」と「…幸せでないと思う」の意）であるが、その内の後者の意味は(9a)と全く同じである。つまり、従属節の not を、意味を変えずに主節に繰り上げることが可能である。そこで、(9a)から(9b)を導く、**否定辞繰り上げ**（**neg-Raising**）という規則があると考える。この規則はどのような形で習得されるであろうか。(3)や(6)と同様に、否定辞や接続詞を除けば、**個々の「語」に言及することなく**、

(10)　名詞句　―　動詞　―　[that- ... ― not ― ...]$_S$

のような範疇の配列に言及した規則を立てることができるであろうか。ここで(9)の動詞 think を know に置き換えてみるとその答えがよくわかる。

114

(11) a.　I know that John is not happy.

　　 b.　I do not know that John is happy.

ここでは、(9)とちがって、意味的に(11b)は(11a)と等しくない(「…である
ことを知らない」と「…でないことを知っている」とは意味が異なる)の
で、否定辞繰り上げは(11a)には適用できないことがわかる。したがって、
(10)の動詞の部分は何であってもいいというわけではなく、むしろ、この
規則が適用できるのは、特定の少数の動詞に限られる。そこで、次のように
考えればよい。辞書の中で、この規則がかかる、比較的少数の動詞(think、
suppose、imagine、believe、expect 等)一つ一つに、この**規則が適用されると
いう情報**を加えて、それらをすべて記憶せねばならないと考える。逆に、こ
の規則がかからない、know、hope、show、request 等、大多数の(10)の配列
に合致する動詞(すなわち、多くの that 節を取る動詞)についてはこの規則
の適用可能性に関する情報は特に覚える必要がないと考える。この場合は、
規則がかからない例外の語彙を覚える大規則とは正反対で、規則がかかる少
数の語彙を一つ一つ覚えるタイプの規則ということになる。このような規則
を**小規則**(**minor rule**)と呼ぶことにする。

　小規則の例をもう一つみることにする。

(12) a.　It is difficult to read this book.

　　 b.　This book is difficult to read.

(13) a.　It is easy to solve this problem.

　　 b.　This problem is easy to solve.

(12b)(13b)の文は to 不定詞内の目的語を主語の It の位置に移動して得られ
る文で、(a–b)は全くの同義ではないが、基本的な意味は変わらない。その
ような移動規則を **Tough 移動**(**Tough-movement**)と呼ぶ。この規則も、
(14)のように個々の形容詞の語に言及しない配列に適用される規則と考え

第 12 章　分極の仮説　115

られるが、否定辞繰上げ規則と同様で、適用される語(形容詞)が少なく、(15)(16)のように適用されない語(形容詞)の方が多いので、小規則の例といえる。

(14)　It is —Adj —to V —NP

(15) a.　It is possible to read this book.

　　b.　*This book is possible to read.

(16) a.　It is stupid to make this error.

　　b.　*This error is stupid to make.

　言語には、以上みてきたような大規則・小規則の 2 種類の規則があるように思われる。仮に、この 2 種類の規則を認めたとして、さらに、言語習得の観点から考えると、どのような形の規則が、習得するのにいちばん自然であろうか。習得のしやすさという点からみれば明らかに、大規則の場合は、例外の数が少なければ少ないほど、「ありやすい規則」ということになるし、小規則の場合は、適用される語彙の数が少なければ少ないほど、「ありやすい規則」ということになる。習得(記憶)の負担が軽ければ、それだけ習得しやすいからである。この点をふまえて、次に 17 世紀頃に起こった英語の大規模な文法規則の変化をみることにしよう。

✂ 疑問文・否定文の do の発達

　PE の(17)を否定文と疑問文にすると、それぞれ(18)、(19)のように助動詞(auxiliary) do を用いることになるが、

(17)　John broke the window.

(18)　John did not break the window.

(19)　Did John break the window?

簡略化して述べれば、OE、ME 期においては(20)(21)のように、この種の
do はまだ使われていなかった。

(20) a.　John broke not the window.

　　　b.　John broke the window not.

(21)　　Broke John the window?

その時期には、助動詞の do はまだ確立しておらず、17 世紀に確立したとい
われている。この do が現れた頃に面白いことが起こった。know、doubt、
care のようなひとにぎりの動詞がこの do の進出に強く抵抗したということ
がわかっている。

(22) a.　I have heard the Prince tell him, I <u>know not</u> how oft, that that ring was
　　　　copper (Shakespeare, *H4* A 3.3.83.4)

　　　b.　I <u>care not</u> if I was never to remove from the place. (Defoe, *Robinson
　　　　Crusoe* 153.28)

すなわち、17 世紀以降においても古い時代の疑問文・否定文の作り方を維
持したのである。なぜその用法が維持されたのかについては、ひとまずおい
て、この do の進出について、上記の大規則・小規則という観点から考えて
みたい。
　OE、ME 期の否定文は、(20a)のように否定辞 not を定形動詞の直後に配
置する規則によって、生成されると考える。この規則を否定辞配置(neg-
placement)と呼ぶ。それに対し、PE(18)のように do を否定辞に付けて否定
文をつくる規則を、仮に、do–否定と呼ぶことにする(規則の形式の詳細に
ついては、以下の議論には関わらないので無視してよい。なお、疑問文につ
いては、以下に述べることが、そのまま、あてはまると考えるので、ここで
は省略する)。この二つの規則は 17 世紀を境にしてどのように変化したの

であろうか。これが、以下の話のポイントである。

　図9の縦軸を規則が適用される語の数、横軸を時間にとって、小規則から大規則、あるいは大規則から小規則への変化がどのように変わるかを考えてみよう。否定辞配置はOE期から大規則で始まり、17世紀には(22)にみるような、一握りの動詞にだけあてはまる、小規則となっている。一方、do–否定は、OE、ME期にはなく、スタート時点のことはよくわかっていないが、おそらく小規則から始まり、17世紀頃には(22)を除いて多くの動詞に適用される大規則になったものと推測される。そこで、グラフにその変化を描いてみよう。両規則の発達を図示すると、どのような線を描くことになるのか。習得の観点から予測すると、小規則から大規則に、大規則から小規則に移行する際、中間の状態、例えば1万個の語彙があったときに5千個の語彙にかかるような規則というのは最も「ありにくい規則」ということになる。したがって、次の図に示した点線で描かれたような、適用される語彙が徐々に増えていく(あるいは、徐々に減っていく)ような変化はありえない(ありにくい)ことになる。比例的に、かつ、漸次的に移行するのではなく、実線で示したように、ある時期に急速に、小規則から大規則への(あるいはその逆の)移行が起こったと予測され、いわゆるS字曲線を描くことになる(なお、ここで考察している文法の変化は個人の脳の中で起こっていると考えられる文法変化のことであって、言語共同体(社会)の中で何らかの言語形式が広がっていく言語変化のことではない)。

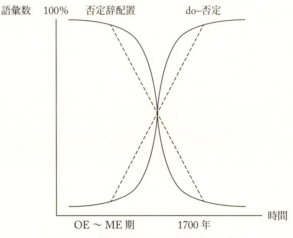

図9 大(小)規則から小(大)規則への変化

　このような考え方は、大規則と小規則のどちらかに偏るということであって、中間的な規則(いわば、「中規則」と呼ぶべきもの)を原理的に許さないというものであるから、**分極の仮説**(polarization hypothesis)と呼ばれる。実際に、do を使った疑問文(否定文)がこの仮説の予測に合致した形で、かなり急速に発達したことを実証した研究が報告されている。

練習問題

1. 本章の中で、受動態規則がかからない動詞を一つ一つ例外として記憶せねばならないということを述べたが、この点に問題がないかどうか、批判的に検討しなさい(ヒント:例外となる動詞の間に、何か共通にみられる意味的な特徴はないか。これらの動詞を現在進行形や命令文に用いるとどうなるか)。
2. 本章で触れた Tough 移動規則は一握りの形容詞に適用されると記述されたが、適用される形容詞に何か共通にみられる意味的な特徴はないかどうか、検討しなさい。

第 13 章　綴りと発音の不一致

　英語の難しさの一つとして、発音と綴り字の関係が一字一音となっていないことがよく指摘される。例えば、英語の [iː] を表す綴りが何とおりあるか、すべて書き出してみよう。<ee>: deep:、<e>: be:、<ea>: sea、この三つで全体の 9 割を占めるが、そのほかに、<ae>: Caesar、<eo>: people、<oe>: amoeba（アメーバ）、<ei>: receive、<ie>: believe、<i>: machine、<ey>: key、<ay>: quay（船着き場）と、これだけでも 11 とおりもある。アルファベットというのは基本的には表音文字であり、英語の発音は時代をさかのぼればさかのぼるほど、綴り字どおりの発音、即ち、表音的であったと考えられている（アングロサクソンが OE の発音を、ローマ字を使って表そうとしたこと（4 章参照）を思い起こしてほしい）。それなのになぜこれほどまでに PE で綴り字と発音がずれてしまったのか。このズレを理解するためには、いくつかの英語史の事実を知っておく必要がある。このズレの原因として、綴りが固定して発音が一人歩きする場合もあるし、逆に、発音が固定し、綴りが一人歩きすることもある。ここでは、ズレの原因の一つと考えられている、重要な音変化と綴り字改革の話をする。

✂ 大母音推移（Great Vowel Shift）

　母音の発音は OE から ME にかけても起こってはいるが、ME から EModE にかけて起こった**大母音推移（Great Vowel Shift, GVS）**ほど大がかりな変化は英語史上どこにも見あたらない。この音変化は次の特徴をもっている。

［1］ 音が変化する際、その音の前後にどういう音が生起しているかに関係なく変化するという、いわゆる**文脈自由**(context-free)の音変化であること（すでに5.1.8や6章で取りあげたウムラウトや口蓋化などは、隣接する音に依存する**文脈依存**(context-sensitive)の音変化であったことに注意)。

［2］ 強勢のある長母音に起こった変化であること。

［3］ 口腔内での舌の位置が、低から高へ移る変化であること。

などがあげられる。

大母音推移の概略を図示すると、次のようになる。

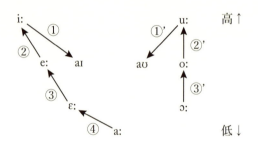

この図から、体系をなしている長母音が大がかりに変化していることがわかる。この変化が起こる前の、MEの綴りと発音、変化後の発音、そしてPEの発音と綴りを示すと、次のようになる。

	MEの綴り	前	後	PE	(PEの綴り)
①	chi̲ld, mi̲nde	iː	aɪ	aɪ	(child, mind)
①'	hou̲s, gro̲und	uː	aʊ	aʊ	(house, ground)
②	fe̲et, de(e̲)p	eː	iː	iː	(feet, deep)
③	e̲sy, spe̲ke	ɛː	eː	iː	(easy, speak)
②'	fo̲ot, flo̲od, mo̲od	oː	uː	uː(u, ʌ)	(foot, flood, mood)
③'	o(o̲)ld, ho(o̲)m	ɔː	oː	oʊ	(old, home)

④ n<u>a</u>me, t<u>a</u>le   a: ɛ: eɪ   (name, tale)

　この表から、GVS の前の長母音の発音が、比較的忠実に綴り字に対応していたことがよくわかる(特に下線の箇所を見よ)。逆にいえば、GVS(かつ、ここでは触れていない GVS の後に生じた母音変化)によって、PE の綴り字と発音が以前より、かけ離れたものになっていることもわかる。なお、①' で下線のない ME hous、ground は、綴りと対応していないようにみえるが、実は、OE では hus、grund となっており、当時から [u:] と発音され、綴りと対応していたのだが、ノルマン人の征服後にフランス語の影響で [u:] を <ou>、<ow>(now も OE では nu と綴られ ME では [nu:] で GVS 後に [naʊ] になった)と綴るようになったためである。

　ところで、PE で <ee>、<ea> と綴りが異なるのに同じ発音になる語のペアが多くある。see-sea、meet-meat、feet-feat のように、これも上の②③で示されるとおり、ME では、それぞれ、[e:]、[ɛ:] と区別されていた。前者は GVS で [i:] となり、後者は GVS で [e:] となった後、少し専門的な話になるが、一部の [e:] は短音化し(dead、head、sweat)、[e] となり、残りについては、大部分が、音変化ではなく、17 世紀頃に東部方言の [i:] を借りてきたものと考えられている。さらに複雑なことに、その借用がなされたときに、一部の <ea>[e:] を含む語が、上の図④の [ɛ:](後に [e:])に合流して、最終的に [eɪ] となった。それが、break、steak、great である。したがって、PE の <ea> は大部分が [i:]、一部分が [e]、[eɪ] となっている。

　以上、GVS を中心に、音変化によって生み出された、綴りと発音のズレの例をみてきたが、これらは、ほんの一部分の例にすぎないことを強調しておく。GVS 以外にも様々な母音変化が起こったこと、ここでは扱っていない子音の変化もあることを忘れてはならない。

✂ 語源的綴り字(Etymological Spelling)
　ルネッサンス期(1500–1650 年)に、当時の英語の発音に頼らず、語源とな

122

る古典ラテン語の綴りに基づいて英語の綴りを変える動きがあり、これを**語源的綴り字**(etymological spelling)と呼ぶ。例えば、receipt、debt、doubt は ME では receite、dette、doute(いずれも Norman French から入った語)などと綴られていたが、ラテン語の recepta、debita、dubitare に合わせて、<p> や <b> を加えたものである。この場合、発音されない字(黙字)をわざわざ加えたことになり、英語の綴りと発音の隔たりをさらに大きくした意味で「罪は重い」。一方、ラテン語に合わせて綴りを変えた後、発音も変わったケースがある。例えば、soldier、fault、false、perfect、adventure は ME で soudiour、faute、fause、perfit、aventure と綴られていたのが、Latin の soli-darius、fallitum、falsum、perfectum、adveuntura に合わせて、<l>、<c>、<d> などが加えられ、その後で、加えた綴り字を読むようになった例である。この場合は、発音が、独走した綴りに追いついた形なので、「罪は軽い」。island も ME iland(<OE igland)であったが、フランス語の ile がラテン語の insula と関係づけられたものである。すなわち、大陸のフランス語で語源的綴り字の影響で isle となり <s> が復活し、この isle が英語に入り、iland を island に変えたのである。「罪を一部フランス語に着せた」例である。

✄ 発音と無関係に起こった綴りの変化

発音と関係ないところで、「視覚的な」理由で、といえばよいのか、奇妙な、綴りの変化が起こることがある。love、some、come の綴りは ME では luue(二つ目の <u> は <v> と綴られることもあったが、18 世紀まで <u> が [u] [v] 両音を表す慣習があった)、sum、cum などであったが、これは音変化とは全く関係なく、<u> の後に <m>、<u>、<n> などが続くと縦の stroke が続くことになり、見にくいためで(読者も筆記体でこの ME 綴りを書いてみるとわかる)視覚的混乱を避けるために <u> を <o> に変えた例であるといわれている。これら 3 語は、音声的にいえば cut、but 等と同じく、ME の綴り字どおりの発音 [u] が、PE[ʌ] になった例(本章 GVS の②'foot、flood 参照)であって、綴りに関しても、cut、but 同様、sum、luve、 cum となるはずであった。

　ところで、PE の shall-should、will-would において、過去形の綴りに発音されない黙字 <l> が含まれている。この点については、ME でこの <l> が発音されていたこともわかっているし、現在形に <l> を含むので、さほどの不思議さを感じないが、can-could の <l> は不思議に思われるかもしれない。確かに、ME では coud(e) と綴られており、現在形に [l] の綴りも発音も含まれていないからである。これは、should、would の**類推**（**analogy**）で <l> が後に加えられたと考えられている。類推というのは、おそらく、can は will、shall と同様、助動詞という同一の閉鎖類（6 章参照）に属する「仲間同士」であり、開放類の成員同士と較べると、「仲間の影響」をそれだけ強く受けやすいということなのであろうか。

練習問題

1. a.　PE で [eɪ] と読む綴りが何とおりあるか、すべて書き出しなさい。それぞれの綴りに該当する単語は一つだけでよい。（例 <a>：take）

　　b.　PE の <oo> に対応する発音は 3 種類ある。まず、それを示し、それぞれの発音が GVS を受けた後、どのように音変化が起こったかについて調べなさい。

2.　device、polite において、強勢のある音節の発音は [aɪ] であるが、police、machine は [iː] である。この違いが何を意味するのか説明せよ（ヒント：いずれも英語本来語ではなく外来語である。英語に借入された時期を調べよ）。

3.　本章では黙字の存在があたかも、望ましくないかのような印象を与えたかもしれないが、その黙字が何らかの発音の手がかりになるような役割を果たすこともある。次の語末の <e> の役割について考えよ。

　　　　late, tale, name, hope, stone, home

第 14 章　名詞起源の非定形
―不定詞と動名詞

　7 章で動詞の定形の語尾変化についてみたが、ここでは二つの非定形――不定詞と動名詞――の歴史を取りあげる。

✄ 不定詞のマーカー to ― to 不定詞の起源

　PE では、(1)の二つの to、即ち、前置詞の to と to 不定詞の to とを共通のものととらえる認識はないが、

（1）　I went <u>to</u> France <u>to</u> study music.

歴史的には関係がある。不定詞は元々、後述の動名詞の起源と同様、動詞起源の名詞であって、それ自体、格を示す語尾変化をもっていた。OE では主格と対格は -an、与格は -enne(-anne)であり、この与格が方向や目的を表す前置詞 to と共に使われた(2)のような例が今日の to 不定詞の起源である。

（2）　hie comon to me *to wyrcenne...* [=they came to me to work ...]

この例文では、wyrcan(=work)という OE の動詞が不定詞の与格形 wyrcenne となっていて、前置詞 to の目的語名詞であったことがよくわかる(OE の to はふつう、与格を支配する前置詞であった)。つまり、(3)のような前置詞句(prepositional phrase, PP)としての構造をもっていた。

(3)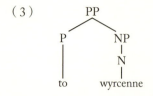

意味的にも、この to は前置詞としての意味をもっており、方向、目的(「労働に向かって」→「働くために」)の原義が感じとれる。OE ではこのような**屈折をもった不定詞(inflected infinitive)**がよくみられるが、ME になって名詞等の語尾が水平化(-an、-enne > -en > -e)されたため、しまいには、work という動詞と同じ形になり、そこで to は、もはや前置詞である必要はなくなり、その機能を失って、単なる不定詞のマーカーであると解釈されたのであろう。この仮定を裏付ける興味深い事実が ME にある。11 世紀から(4)のような to 不定詞の前にさらに別の前置詞 for をともなう例(これを **for-to 不定詞**と呼ぶ)が増える。

(4) a. it is good to vs *for to* be here [= it is good for us to be here] (Wyclif, *Luke* 9.33)

b. God bad us *for to* wexe and multiplie [= God ordered us to wax and multiply] (Chaucer, *CT WB*28)

この for-to 不定詞は ME 期(Chaucer では頻繁にみられる)ばかりでなく EModE においてもまだわずかに用いられていた。これが、上の仮定を裏付けることになるというのは、方向や目的を表す to の原義が失われ、to が不定詞の一部分とみなされたため、その反動として別の前置詞 for を用いて、失った意味を補おうとした変化と考えられるからである。一般に、ある機能(意味)をもった形態が何か別の機能をもったものとして解釈されたか、あるいはその機能をもたないと解釈されたときに、失った機能を別の形態で補うことは歴史的によくみられる変化である。例えば、5.1.9 で触れた children

という複数名詞は、繰り返しになるが、これはもともと OE cildru という cild の複数形があって、-ru が語幹の一部と解釈されたため（ru が複数を表す機能を失い）、新たに -en という、複数を表す別の語尾が加えられたもの（二重複数）である（5.1.9 の練習問題 3 も参照）。この点で、for-to 不定詞は二重複数と似ていて、「二重不定詞」とでも呼ぶべき現象である（なお、この for-to 不定詞は現代の標準英語ではみられないが、一部の方言で使われたり、子供の言語習得研究において、子供が大人の発話にみられない形として、一時的に発話する例として報告されていることもあり、興味深い例である）。

　この for-to 不定詞は結局、後に消失してしまったけれども、失った to の意味を取り戻すために for を添える現象と似たものが、PE の他の表現の中に残ってはいないだろうか。to 不定詞の原義が「…するために」という副詞的な用法に加えて、PE では、例えば、I believe John to be honest. や To see is to believe. のように to の原義（「目的」）が全く感じられない用法にまで広がってしまっている（この点は次章で触れる）。そこで、現代英語の to 不定詞を使う際に、to の前に何かを添えて、原義をことさらに明示したくなるような気持になることはないだろうか。EModE 以降、使われている so as to や in order to などが、まさに、その例だと思われる。

✖ 現代英語の動名詞

　PE の**動名詞**（**gerund**）V-ing は、その名が示すように動詞的性質と名詞的性質を合わせもっている準動詞（verbal）の一つである。一方、**現在分詞**（**present participle**）も、形態的に同じ -ing という接辞をもち、かつ、動詞句（verb phrase, VP）の内部構造をもっているために、両者の区別は文全体の中でいかなる機能を果すかをみることによって判別するしかない。例えば、(5)–(8)の下線部は、すべて内部構造的には動詞句になっている点で全く同じであるが、(5)、(6)のように下線部が文全体の中で、主語や目的語として機能する場合は動名詞で、(7)、(8)のように副詞や形容詞として主節や

先行する名詞を修飾する場合は現在分詞である、というように区別ができる。

(5)　Watching television keeps them out of mischief.　（主語）

(6)　He enjoys playing practical jokes.　（動詞の目的語）

(7)　Leaving the room, he tripped over the mat.　（現在分詞の副詞的用法）

(8)　The person writing reports is my colleague.　（現在分詞の形容詞的用法）

　下線部のところ（形態）だけをみても、動名詞か現在分詞か決められないということを確認してほしい。このような PE の -ing 形の状況は、初期の英語に既にあったわけではなく長い歴史の中で成立したもので、その変化の過程には興味深い点が多くある。歴史の話に入る前に、動名詞の動詞的な性質と名詞的な性質とを確認しておこう。次の、2 例を比較しながら考えていくと確認がしやすい。

(9)　*John's refusing the offer suddenly* surprised us.　（動名詞）

(10)　*John's sudden refusal of the offer* surprised us.　（派生名詞）

　(9)は動名詞で、(10)は動詞に特定の派生接辞(derivational suffix: -al、-ment、-tion など)をつけて名詞を派生させるもので、**派生名詞(derived nominal)**と呼ばれる。

　まず、動名詞の動詞的特徴であるが、派生名詞の名詞的特徴と次の点で対照をなしている。

動名詞の動詞的特徴　　　　　（派生名詞の名詞的特徴 ）

［ 1 ］　目的語を直接取る　　　（refusal は目的語の前に of を取るから
　　　　　　　　　　　　　　　その意味で名詞的)

［ 2 ］　副詞と共起する　　　　（refusal は形容詞 sudden を取るから名詞的)

［3］ 完了(have)と共起する　　（refusal は完了にできないから名詞的）
　　　(John's) having refused ...
［4］ 受け身(be)と共起する　　（refusal は受け身にできないから名詞的）
　　　(the offer's) being refused by John ...

　次に、動名詞の名詞的な特徴であるが、

［1］ 主語を属(所有)格(John's)で表す。（refusal も同様）
［2］ 動名詞構造全体が文全体の中で名詞句の働きをする。（refusal も同様）

　以上の特徴を踏まえて、両者の句構造(11 章(4)の下参照)を示すと、派生名詞の方がごくふつうの名詞句(noun phrase, NP)の構造(11)をもっているのに対し、動名詞の方は、概略(12)のように、全体の構造は名詞句でも、内部構造が動詞句(VP)になっていると考えられる。

(11)
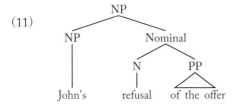

（上の Nominal という構成素については、ここでの議論に関係しないので、説明を省く。）

(12)
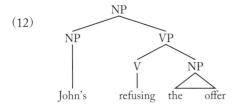

この構造(12)からわかるように、動名詞構造は、全体が NP で、内部に VP をもっているので、いわば「**接ぎ木の構造**」をもっていることになる。ふつうの NP なら主要部(head：句の中心になる部分で、動詞句(VP)なら動詞(V)、形容詞句(AP)なら形容詞(A)の部分)に名詞(N)をもつのであるから、上記の構造(12)はその意味でも奇異な構造である。その問題はさておき、次にこの構造が成立するまでの歴史を振り返ってみよう。

✂ 動名詞の歴史的発達―名詞的性質から動詞的性質の獲得

OE においては、今日の(9)に相当する動名詞(構造)は存在せず、先に述べた不定詞の起源と同様、動詞に -ing(-ung) を付加した形、一種の派生名詞(以下、混乱を避けるため **ING 名詞**と呼ぶ)のみが存在した。次の例がその一例である。

(13)　seo *feding* þara sceapa [=the feeding of the sheep] (*Cura Pastoralis* 43.5)
　　　　(ここで ING 名詞の目的語 þara sceaþa が複数属格になっているところに注意せよ。)

この ING 名詞は、機能はもちろん、形態的、音韻的にも OE の現在分詞の語尾 -ende とは一線を画すものであったため、(5)–(8)でみたような PE における「混乱」はなかったのである。つまり、この ING 名詞は、今日の動名詞がもっている種々の動詞的性質をまったくもっていなかった。例えば、OE はもちろんのこと ME でさえ、まだ V-ing が直接目的語をしたがえる時は(14)(15)のように属格名詞や前置詞 of をとるのが普通である。また、(15)のように形容詞と共起することからも明らかなように名詞的性質が窺われる。

(14)　for to be wise in *byyng of vitaille* [= to be shrewd in buying victuals] (Chaucer, *CT General Prologue* 569)

第 14 章　名詞起源の非定形　131

(15)　Now as to speken of bodily peyne, it stant in preyeres, ..., in *vertuouse techynges of orisouns* [=Now, speaking of bodily pain, it stands in prayers, ... in the virtuous teaching of prayers] (Chaucer, *CT PT* 1038)

ME 後期の Chaucer でさえ動名詞構造の萌芽はみられるものの、まだ確立されていたとはいえない。さらに、(16)、(17)のように完了形や受動態の例が現れるのは 15–16 世紀になってからである。

(16)　'Twill [=It will] weep for *having wearied you* (Shakespeare, *Tp* 3.1.9)
(17)　I spake [=spoke] ... of *being taken by the insolent foe* (Shakespeare, *Oth.* 1.3.134–7)

　このように今日の動名詞構造の起源と考えられているものは、OE の ING 名詞であって、今日の派生名詞(10)に相当する構造であった。この純粋に名詞的な構造を維持しながら、他方で、(i)直接目的語を of なしでしたがえる、(ii)副詞と共起する、(iii)完了形、受動態をとりうる等、種々の動詞的性質を獲得していくうちに、今日の動詞句を含んだ(12)の動名詞構造を発達させたのである。

✂ 現在分詞の影響

　この新しい構造(12)を引き起こす引金となったと考えられるのが、現在分詞語尾 -ende と ING 名詞の語尾 -ing との音的融合である。つまり、[ind] > [in] という分詞の変化と、[iŋg] > [in] という ING 名詞の変化によって両者が同音になったことである。結果的には分詞が -ing という音と形態をING 名詞から譲り受け、一方、ING 名詞は動詞句の内部構造をもつという分詞の統語的性質(分詞 -ende は、その語尾を -ing に変える前から目的語をしたがえていた)を譲り受けたことになる。つまり、同じ語尾 -ing をもつ PE の動名詞と現在分詞は、OE の ING 名詞と現在分詞が、それぞれの属性

132

の一部を交換し合った結果、生まれた現象とみなすことができる。

　以上、不定詞と動名詞が名詞起源であることをみてきたが、動名詞が
(11)から(12)へと名詞句の内部構造を変えていったプロセスについては、
他にも重要な点が隠されているので、16章で再度、取りあげることにする。

練習問題

1. 7章の練習問題で用いたマタイ13章24–30節（毒麦の譬え）の30節
   の中に、本章で触れた屈折をもった不定詞の例をみつけなさい。
2. 9章末のチョーサー「メリベウスの物語」の一節を読んで、(for-to)
   不定詞、ing形の例をすべて抜き出し、本章で述べたことがあては
   まるかどうかを確認せよ。

課題

1. 次のEModEの例、
   （ ⅰ ） the dread of *the losing these thingis* (More, *The Works of Thomas
   More* 1146 C 5)
   （ ⅱ ） *the neglecting it* may do much danger (Shakespeare, *Romeo* 5.2.19)
   はPEにおいては許されるだろうか。もし、これらの例が当時、許
   されていたとしたら、この事実は本章の説明にとって、どのような
   意味をもつか議論せよ。

第 15 章　異分析仮説

　5 章で children を例に取りあげ、異分析という現象について少し触れたが、ここで改めて詳しくみることにする。

✄ 語の異分析―apron の起源

　話し言葉は音声の連続として子供の耳に入ってくるわけで、その音連続のどこかに休止(pause)でもおかれていないかぎり、単語の切れ目に関する直接的な情報はそこにはなく、音声の連続を意味をもつ語の連鎖として、どう分析する(切りとる)かは子供にかかってくる。つまり、大人の分析を子供がそのまま引き継ぐ保証はどこにもなく、子供が大人と異なる分析をすることもあり得るわけである。そうなった場合、大人の発話の中には通常みられないような新しい形を子供がもたらすことがある。もちろん、それが一時的な現象として終わってしまう場合、つまり、あとで、子供がもう一度大人と同じ分析に戻す場合には言語変化は起こらないが、そうでない場合には新しい分析がそのまま通用して言語変化がもたらされることになる。このような変化のメカニズムを**異分析**(**metanalysis**)と呼ぶ。

　PE に apron、umpire、nickname という語があるが、これらの語が昔どのように使われていたかを古い文献からみつけだすと、それぞれ、ME で napron、noumpere、ekename(ME eke は 'also, additional' の意)という形でみつかる。

（1）　ME　　　　　　　PE

　　　napron　　＞　　apron

```
noumpere   >   umpire
ekename    >   nickname
```

　直接観察できる形でわかっていることは、ある時代に napron が使われていて、途中で apron が使われるようになったという事実だけである。ではどうしてこれらの単語は右のような形に変わったのであろうか。いちばん単純な考え方として、語頭の [n] 音が消失(付加)した可能性が真っ先に思い浮かぶ。しかし、[n] が語頭で消失(付加)するというのは音声学的にみて、一般的な音変化とも思われないし、単に、変化を記述しただけであって、なぜ、[n] が消失(付加)したのかについての説明とはなっておらず、その点で説得力に欠ける。

　そこで、勘の鋭い人が次のように考えた。これらの語が不定冠詞の後ろに置かれた時、例えば、a napron [əneiprən] と読まれたときに、前の(親の)世代では頭の中で [ə-neiprən] と分析していても、それが音の連続として切れ目なしに、次の(子の)世代の耳に入ってきたときに、[ən-eiprən] のように、前の世代と異なる分析を与えたと考える。そこで、かつては有意味なまとまり(語)ではなかった apron が新たに生まれたと考えた。他の 2 例も本質的には同じであるが、nickname の場合は apron と逆で、不定冠詞の an の [n] が本来の語の先頭に付加されたケースである。

　このような単語レベルの異分析は英語史の中でもよく起こっている。よく知られているもう一つの例は、複数を表す語尾が絡む例である。PE の pea「豆」の単数形は OE pise、ME pese であった。語末の [s]([z]) が複数の語尾と誤って分析されて、新たな単数形 pea がもたらされた。cherry も同様である(＜ME cheris)。この種の例は少なくないので特に**数異分析(numerical metanalysis)**と呼ばれている。

　PE に alone という語があるが、これは本来 all one が一語にまとまった(all は副詞で completely の意)ものである。したがって本来の切れ目は al - one なのだが、異分析によって、lone が独り立ちして lonely、loneliness など

の語を派生させた。

　以上みてきた、異分析の例は、上記の説明を読むだけでは、「ああなるほど」という印象だけで終わってしまう。この考え方の真の面白さを理解するためには、その説明がもっている一般的特徴・性格をしっかり把握せねばならない。

　この説明は三つの部分から成っている。

［1］　まず、異分析が起こる特定の環境Xを指定する部分。いわば変化が起こる起点の発見である。napron の場合のXは、不定冠詞の後位置で、それが**変化の起点**ということになる。前にも述べたように、直接見える形でわかっていることは(1)の事実だけなのだから、そこから、「不定冠詞の後ろ」というところに目をつけた着想の面白さが十分に理解できよう。

［2］　2番目は、異分析という**仮説**の部分である。例えば、[A[BC]] ⇄ [[AB]C] という形式で示す部分である。1番目に指定された特定の文脈Xで、当該の語(句)の切れ目がどのように変わるかを示す部分である。

［3］　最後に、その仮説を実証する部分である。異分析の結果出てくる新たな形が「独り立ち」して、変化の起点として最初に指定したX以外の環境でも、拡張して出現するということを証明する部分である。異分析の結果出てくる apron でいえば、an の後ろ以外の環境で、apron が起こるということを示せばよいことになる。まず、an apron がでてきて、そのあとで、いろいろな環境で出現するというような、つまり2段階を踏んで出現するということを、実際に古い文献を資料にして証明ができるかどうかは別として、異分析が仮説である以上は、どのようにしてそれを実証できるかという点をここで理解しておかなければならない。

136

　この点を踏まえて、次節では、語のレベルではなく、もっと大きな単位、構文レベルでも異分析が起こったと考えられる例をみる。

✂ 構文レベルの異分析—主語を伴う不定詞

　前章で不定詞が名詞起源であったことに触れたが、その to 不定詞が定形動詞のように主語を伴って節のように振る舞う形が、後になって発達した。主語を伴う to 不定詞とは、PE にみられる(2a)のような、**補文標識(complementizer**：接続詞 that のような節頭に付くマーカーと考えてよい)の一つである for に導かれたものと、(2b, c)のように、好悪感情を表わす動詞(want、like、prefer、hate など)の補文や、思考を表す動詞(believe、think、suppose など)の補文に生ずるものである。

（2）a.　For [Mary to go there]s would surprise John.
　　　b.　I want（for）[John to go there]s.
　　　c.　I believe [John to be honest]s.

ここで、[...]s は ... が節として有意味なまとまり(構成素)であることを示している。
　OE には(2)のような主語を伴う to 不定詞の例はなく、ME になって次のような例が登場する。

（3）　it is necessary a surgeon to know anatomy.

この例文は PE の綴りに改めてあるが、ME の実例である。(be)necessary のような形容詞は本来、与格の**補部(complement**：主要部の右側に置かれ、それと併せて全体で句を構成する要素)をとって、この場合は surgeon に付く与格語尾によって [necessary a surgeon] を、形容詞句(adjective phrase, AP)という意味的なまとまり(「外科医にとって必要」)として解釈できたが、OE

第 15 章　異分析仮説　137

から ME にかけて格語尾が消失したため、surgeon は necessary の補部なの
かどうかがはっきりしなくなった。そこで、(4)のような定形節をもつ既存
の構造にならって、(5)に示すように異分析が起こったという仮説をたてて
みる。つまり、a surgeon と to know anatomy とが構造をなすように解釈した
と考える。

（４）　It is necessary [that a surgeon should know anatomy].

（５）　It is [necessary a surgeon]$_{AP}$ to know anatomy ＞

　　　　　It is necessary [a surgeon to know anatomy]s.

ここまでは、仮説を立てたにすぎないことに注意してほしい。異分析の起点
になる環境 X として、necessary のような形容詞(good、easy などでも構わな
い)の後位置を特定し、そこで統語(句)構造の組み替えが起こったという異
分析を仮定しただけである。では、その仮説を実証するために何をすればよ
いか、ここで立ち止まって考えてほしい。上で述べた異分析仮説の実証の部
分を思い起こしてほしい。異分析の結果、生じた(5)の [...]s の部分、つま
り、以前にはなかった、主語を伴う不定詞構造が「独り立ち」して、形容詞
の後位置以外の環境に拡張して出現したことを示せばよいのである。この仮
説の予測どおり、ME には、以下のような例が実際にみつかる。これで、主
語を伴う不定詞が形容詞の後位置以外にも、様々な環境に拡張して生じてい
ることがわかる。

（６）　[a preest for to freli take and chose of alle maidens to hem a wijf]s ... was
　　　　allowed of Poul　　　　　　　　　　　　　　　　［主語節の位置］
　　　　[=For a priest to freely take and choose a wife for them of all maidens ...
　　　　was allowed by Paul.] (Pecock, *Repressor* 375/17)

（７）　þei demen it dedly synne, [a prest to fulfille þe ordynaunce of god in his
　　　　fredom]s　　　　　　　　　　　　　　　　　　　［外置された目的語節］

[=they think it a deadly sin for a priest to fulfill the ordinance of God at his will] (Wyclif, *Feigned Contemplative Life* 193)

（8） The thridde grevance is [a man to have harm in his body]s

[主格補語の位置]

[=The third grievance is for a man to have harm in his body] (Chaucer, *CT PT* 666)

（9） it is liȝter ... a camel for to passe thorwȝ a nedelis eiȝe, than [a riche man to entre in to the kyngdom of heuenes]s   [than の後位置]

[=it is easier ... for a camel to pass through a needle's eye than for a rich man to enter the kingdom of heaven] (Wyclif, *Matthew* 19.24)

（(9)の <ȝ> は yogh [joux, jouk] と呼ばれる文字で、特に ME において使われ、後に、<y>、<gh> などに置換された。）

(6)–(9)のような例は ME によくみられるもので、この時期に名詞句 + to 不定詞で一つの有意味なまとまり（節と呼べるものに近い）を構成していたことを示唆しており、興味深い構文である。これらの例は、PE なら、すべて不定詞の主語の前に補文標識 for がないと正しい英文にならないことに気づくが（(2a)参照）、その for の出現はまた別の問題であって、ここでは立ち入らない。ここでは、異分析という変化のメカニズムが、語のような小さな単位に限らず、句や節のような、もっと大きな構造でも起こりうること、その仮説の立て方、実証の仕方を理解することが重要である。

　なお、(5)の異分析を仮定した際に、(4)のような定形節(that 節)の構造に倣って異分析が引き起こされたと考えたが、その証拠として、(10)のような [NP to VP] と that 節の等位接続の例が ME に少なからずみつかる。

(10)　if you may see ... that his children and her may inherit, and she to have reasonable jointure, ... (*Paston Letters* 447.27–28 [但し、PE の綴りに改めている])

第 15 章　異分析仮説　139

練習問題

1. PE の surround は異分析の例といわれているが、本文にあがっている例とは性質の異なる異分析の例である。*OED* でこの語源を調べ、その異分析の性質を明らかにせよ(ヒント：意味が絡んでいる)。

2. 本章で触れた数異分析のように、本来、語幹の一部であったものを屈折語尾や派生接辞と誤ったために、その部分を取り除いて、新しい単語を造り出す過程を**逆成**(**back formation**)という。下記の単語はいずれも逆成の結果、生じたものであるが、その成立過程を調べなさい。

　　　　burgle　　　　　　　edit

第 16 章　見逃しやすい「外」の環境
―動名詞の発達の起点

　14 章で動名詞が名詞的な構造から動詞句を含むような形で、内部構造を「接ぎ木の構造」に変化したことを述べた。さらに、前章で、異分析における「変化の起点」という考え方の重要性を指摘した。ここでは、動名詞構造の発達の過程について、その変化の起点という視点からみることにする。

✄ 動名詞の発達の起点

　おさらいになるが、動名詞構造は ING 名詞の名詞的内部構造(1)から、分詞のもつ動詞的内部構造(2)へと、

(1)
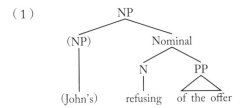

(2)
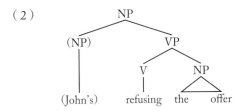

発達した。ここで注意せねばならないことがある。(1)(2)をみる限り、こ

の変化は名詞句の中の構造が変化したということしかみえないということである。ここで napron > apron の話の異分析でみたことをよく思い起こしてほしい。うわべだけをみると、napron の頭の [n] が落ちたとしかみえなかったのと同様に、名詞句の中身だけが(1) > (2)のように変化したとしかみえないのである。ING 名詞を含む NP、すなわち、(1)全体が、文の中でいかなる環境に置かれていようとも、それとは無関係に生じた変化のようにみえてしまうのである。それでは、当該の変化に対する深い洞察は得られない。そこで、発想を変えて、(1) > (2)の変化が起こる際の、NP の外側に着目するのである。実際、調べてみると動名詞の発達にはこのような「NP の内部構造」だけでなく、「NP の外の環境」が深く関与していることを示唆する事実がみつかる。

　ふつう、動名詞構造が起こる外的環境としては(3)(4)のような主語や、動詞の目的語の他に、(5)(6)(7)のような主格補語(subject complement)、形容詞の補部、前置詞の目的語などがある。

（3）　*Watching television* keeps them out of mischief.　（主語）

（4）　He enjoys *playing practical jokes*.　（動詞の目的語）

（5）　His first job had been *selling computers*.　（主格補語）

（6）　They are busy *preparing a barbecue*.　（形容詞の補部）

（7）　I'm responsible for *drawing up the budget*.　（前置詞の目的語）

(1)から(2)へ移行する、すなわち、動名詞構造が次第に確立されつつある時期(15 世頃)に書かれた資料を用いて調査してみると、上記のうち 4 種類の環境(主語(3)、動詞の目的語(4)、主格補語(5)、前置詞の目的語(7))では、(3')(4')(5')のように、まだ古い ING 名詞型(1)の例がみられるのに対し、新しい型(2)の例は(7)のような前置詞の後位置に集中していて、しかも特定の前置詞 in の後位置に多くみつかるという興味深い結果が得られる。

第 16 章　見逃しやすい「外」の環境　143

（3'）主語

my lord may verily knowe that the complysshyng of þe seid appoint-ment is nat deferred ner delayed by me (*Paston Letters*(*PL*) 547.12-4)

(my lord may verily know that the accomplishing of the said appoint-ment is not deferred nor delayed by me)

（4'）動詞の目的語

ye may justyfye the kepyng of the plase for the pesybyll possession ... (*PL* 342.20-22)

(you may justify the keeping of the manor house for the peaceable pos-session ...)

（5'）主格補語

the hasty purchace of mony and men schall be the getyng and rescu of it (*PL* 243.47–48)

(the hasty purchase of money and men shall be the getting and rescue of it)

（7'）前置詞 in の後位置

a.　I beseke yow to be my good maystyr in pursewyng the seyd ateynte. (*PL* 511/4-5)

(I beseech you to be my good master in pursuing the said false verdict.)

b.　I founde Herry Greye, Lomnour, ... right weele disposed to you ward at this tyme in helping and in gevyng ther goode avice to me ... (*PL* 189/85-8)

(I found Herry Greye, Lonnour ... very well disposed toward you at this time in helping and in giving their good advice to me)

c.　I haue no worde from you of them, ner whethere ye haue yit in your kepyng the euydence of Est Beckham owt of hys handys, (*PL* 243/65-66)

(I have no word from you of them, nor whether you have it in your keeping the evidence of East Beckham out of his hands)

一つの考え方としては、動名詞構造の発達の起点は前置詞の後位置(特に in の後ろ)であって、そこで発達した動名詞構造(2)が、後になって、他の環境(3)–(6)に拡張して使用されるようになったという可能性である。これは、前章でみた主語を伴う不定詞構造が、ある特定の環境(形容詞の補部)で起こった異分析によって形成され、その後、他の環境に拡張したという考え方と類似していることに注意したい。なお、なぜ前置詞の後ろ(特に in の後位置)が変化の起点になっているかについては、難しい問題ではあるが、とりあえず、以下のような示唆に止めておくことにする。

✂ 現在分詞と ING 名詞の意味的接点

動名詞が動詞句の構造をもつようになったことに影響を与えたものとして、動名詞と語尾が同音・同形(-ing)になった現在分詞が動詞句の構造をもっていたことが考えられるということをすでに指摘したが、これは単に形態・音韻的に類似している分詞が、類推(analogy)で「仲間の」ING 名詞に新たな統語的特徴を与えたということにすぎない。もし、in の後位置、in refusing of the offer のようなところで真っ先に、その分詞の統語的特徴を取り込んで、in refusing the offer にしたということであれば、その事実は、その類推に新たに意味的な根拠(動機付け)を与えることにならないだろうか。つまり、当時、分詞の典型的な用法に**分詞構文**(8)、**様態分詞**(**manner participle**)(9)等があったが、

（8）　*Refusing the offer,* John cried.
（9）　John came *walking on the way.*

これらの分詞の意味と、in Ving of NP との間に、「…しながら」とか「…する際に」というような意味的な重なりを見いだすことはできないだろうか。

第16章　見逃しやすい「外」の環境　145

いずれにしろ、類推という場合には、特徴を授受するもの同士が互いに多く
の性質をすでに共有している場合に、より説得力をもつように思う。

　以上、動名詞の発達を例に、見逃がしやすい言語変化の観察の視点を紹介
した。要点は、(10)のように、ある構造(XP)の中で生ずる変化は、一見、
XPの外の環境(…で示される部分)に無関係に起こっているようにみえる
が、必ずしもその構造が生ずるすべての環境で同時に起こるわけではなく、
まず、ある特定の環境で変化が始まり、後に、その変化した構造が他の環境
に拡張していくことがありうるということである。

(10)　　　… XP …　　　　　… XP …

　　　　　　△　　　→　　　　△
　　　　　a　b　c　　　　　　c　a　b

もちろん、論理的にはXPの外の環境に関係なく、XPの内部のみが変わる
こともありうる。ただ、最初から、資料の調査もせずに、XPの外的環境の
影響の可能性を排除してしまうのは好ましくない。したがって、絶えずXP
の外にも着目することを忘れてはならない。変化の起点となる特定の環境が
つきとめられたときに、なぜその環境で当該の変化が始まったのかという考
察が可能になるわけである。このような言語変化に対する精緻な観察は、動
名詞が発達したそのメカニズムの解明だけでなく、統語変化の一般的性質の
解明にも今後、様々な手がかりを与えてくれるかもしれない。

練習問題

1.　10章で触れた基本語順の変化(SOV > SVO)も、本章の「変化の
　　起点」「他の環境への拡張」という考え方でとらえられることを示
　　しなさい。

課題

1. PE においては、動名詞と現在分詞との区別は形態だけをみても判断できず、文全体における -ing 形の機能をみて初めて区別できるということを 14 章(5)–(8)で指摘したが、下記の例はそれで区別できるかどうかを考えよ。

（ⅰ） They are busy preparing a barbecue. （本章(6)の例文）
（ⅱ） John spent his time playing cards.
（ⅲ） I had a lot of trouble getting a job.

略語表

A	Adjective　形容詞
AD	anno Domini　西暦
AP	Adjective Phrase　形容詞句
BC	before Christ　西暦紀元前
c.	circa　年代に用いて「およそ、約」の意
EModE	Early Modern English　初期近代英語
Gmc	Germanic　ゲルマン(祖)語
GVS	Great Vowel Shift　大母音推移
ME	Middle English　中英語
ModE	Modern English　近代英語
N	Noun　名詞
NP	Noun Phrase　名詞句
OE	Old English　古英語
OED	*The Oxford English Dictionary*　オックスフォード英語辞典
OHG	Old High German　古高地ドイツ語
ON	Old Norse　古ノルド(古北欧)語
P	Preposition　前置詞
PE	Present-day English　現代英語
PIE	Proto-Indo-European　印欧祖語
PP	Prepositional Phrase　前置詞句
S	Sentence　文
V	Verb　動詞
VP	Verb Phrase　動詞句

作品略語表

Chaucer 作品の略号(F. N. Robinson（ed.）1957². *The Works of Geoffrey Chaucer.* London: Oxford University Press.)

　CT = *The Canterbury Tales*

　　WB = *The Wife of Bath's Prologue and Tale*

　　PT = *The Parson's Tale*

Shakespeare 作品の略号(G. B. Evans (ed.) 1974. *The Riverside Shakespeare*. Boston: Mifflin.)

JC = *The Tragedy of Julius Caesar*

H4A = *The First Part of Henry IV*

MND = *A Midsummer Night's Dream*

Oth = *The Tragedy of Othello, the Moor of Venice*

Romeo = *The Tragedy of Romeo and Juliet*

Tp = *The Tempest*

参考書目

［本書の執筆にあたって、多くの過去の研究に恩恵を受けているが、ここでは紙幅の関係で、特に参考にした書物に限定する。］

荒木一雄・宇賀治正朋. 1984.『英語史 IIIA（近代英語）』英語学大系 10–1. 東京：大修館書店.

Bever, T.G. and D.T. Langendoen. 1972. "The Interaction of Speech Perception and Grammatical Structure in the Evolution of Language." R.P. Stockwell and R.K.S. Macaulay（eds.）*Linguistic Change and Generative Theory.* 32–95. Bloomington: Indiana University Press.

Davis, Norman（ed.）1953[9]. *Sweet's Anglo-Saxon Primer.* Oxford: Clarendon Press.

Fromkin, V. and R. Rodman. 1993[5]. *An Introduction to Language.* Harcourt Brace Jovanovich College Publishers: Fort Worth.

Jespersen, O. 1982[10]. *Growth and Structure of the English Language.* Oxford: Blackwell.

Koma, O. 1980. "Diachronic Syntax of the Gerund in English and the X-bar Theory." *Studies in English Literature*（*English Number 1980*）59–76.

———— 1982. "Infinitival Constructions in Middle English and Case Theory." *Studies in English Linguistics* 10.140–51.

———— 1987. "On the Initial Locus of Syntactic Change: Verbal Gerund and its Historical Development." *English Linguistics* 4. 311–24.

児馬修. 1984.「文法の核と周辺：史的統語論の視点から」『月刊言語』13.5. 102–111.

———— 1990.「英語史研究（史的統語論）の動向の一側面」『英語教育』38.13.74–7.

Kuno, S. 1974. "The Position of Relative Clauses and Conjunctions." *Linguistic Inquiry* 5.1. 117–36.

Lakoff, G. 1970. *Irregularity in Syntax.* New York: Holt, Rinehart & Winston.

Lightfoot, D.W. 1979. *Principles of Diachronic Syntax.* Cambridge: Cambridge University Press.

McCrum, R., et al. 1986[1]. *The Story of English.* London & Boston: Faber & Faber.

———— 2003[3]. *The Story of English.* London: Penguin Books.

McLaughlin, J. 1983. *Old English Syntax: A Handbook.* Tubingen: Max Niemeyer.

中島文雄. 1979[2].『英語発達史』東京：岩波書店.

中尾俊夫. 1972.『英語史 II（中英語）』英語学大系 9. 東京：大修館書店.

中尾俊夫・児馬修. 1990.『歴史的にさぐる現代の英文法』東京：大修館書店.

小野茂・中尾俊夫. 1980.『英語史 I（古英語）』英語学大系 8. 東京：大修館書店.

太田朗・梶田優. 1974.『文法論 II』英語学大系 4. 東京：大修館書店.

Quirk, R. et al. 1985. *A Comprehensive Grammar of the English Language.* London and New

York: Longman.

園田勝英. 1984.「分極の仮説と助動詞 do の発達の一側面」 *The Northern Review*（北海道大学）12. 47–57.

寺澤芳雄（編）1997. 『英語語源辞典』東京：研究社

Traugott, E.C. 1972. *A History of English Syntax.* New York: Holt, Rinehart and Winston.

渡部昇一. 1983.『英語の歴史』東京：大修館書店.

INDEX

A‒Z

ash<æ>　24
do‒否定　116
'em　56
EModE　8, 10
eth<ð>　24
ING 名詞　130
for-to 不定詞　126, 127
ME　7, 10
ModE　8, 10
Norman French　86
OE　7, 10
ON　4, 55, 65
PE　8, 10
thorn<þ>　24
Tough 移動(Tough-movement)　114
yogh<ȝ>　138

あ

アルフレッド大王(King Alfred)　7, 10, 23, 63
アングロサクソン(Anglo-Saxon)　3, 4, 10, 11

い

異分析(metanalysis)　47, 133‒139
印欧祖語(Proto-Indo-European, PIE)　14

う

迂言形(periphrasis)　83
ウムラウト(umlaut; mutation)　45
ウムラウト複数　45

お

オックスフォード英語辞典(*The Oxford English Dictionary, OED*)　29

か

外置(extraposition)　104
開放類(open class)　57, 67
外面史(external history)　1
格(case)　32, 35
化石(fossil)　42, 50, 58, 77
仮定法過去　74
仮定法現在　74

き

機能語(function word)　57
逆成(back formation)　139
強形(strong form)　57
強変化　40, 59
キリスト教　11
近代英語　8, 10
欽定訳聖書(Authorized Version)　8, 10

く

具格(instrumental)　50, 54

句構造（phrase structure） 103
屈折（inflection） 8, 73
屈折をもった不定詞（inflected infinitive）
　126
クリオール（creole） 66
グリムの法則（Grimm's Law） 17–19

け

ケルト族 5, 11
現在分詞 127, 144
現代英語（Present-day English） 8, 10
限定用法（attributive use） 59

こ

口蓋化（palatalization） 66, 68
構成素（constituent） 103
後母音 45
古英語（Old English, OE） 3, 7, 10
語源的綴り字（etymological spelling） 122
古北欧（古ノルド）語（Old Norse, ON） 4,
　55, 65

さ

擦音化（assibilation） 66

し

シェイクスピア（William Shakespeare） 8,
　10
辞書（lexicon） 109
弱形（weak form） 57
弱変化 40, 59
写本（manuscript） 8, 23
主格（nominative） 35
主格補語（subject complement） 142
樹形図（tree diagram） 103
受動態（passive voice） 111
受動態規則 112

主要部（head） 35, 130
小規則（minor rule） 114
初期近代英語（Early Modern English,
　EModE） 8, 10
叙述的用法（predicative use） 59

す

水平化（levelled） 9, 43, 126
数（number） 39
数異分析（numerical metanalysis） 134

せ

性（gender） 39
接続詞の並列（conjunction juxtaposition）
　104
前母音 45, 66

そ

総合的（synthetic）言語 83
属格（genitive） 35

た

対格（accusative） 35
大規則（major rule） 113
大母音推移（Great Vowel Shift, GVS） 9,
　119
多義（ambiguity） 56, 93, 98

ち

知覚（perception） 101
中英語（Middle English, ME） 7, 10
中央埋め込み（center embedding） 103
チョーサー（Geoffrey Chaucer） 7, 10, 88

て

定形（finite form） 71
デーン人 63

INDEX 153

デーンロー(Danelaw) 64, 65

と

動詞句(verb phrase, VP) 127
動詞-不変化詞移動(verb-particle movement) 102
動名詞(gerund) 127, 141–145

な

内面史(internal history) 1
内容語(content word) 57

に

二重語(doublet) 67, 91
二重比較級 47
二重複数 127
2単現 -st 81

の

ノルマン人の征服(Norman Conquest) 4, 10, 86
ノルマンフランス語(Norman French) 4, 86

は

派生接辞(derivational suffix) 128, 139
派生名詞(derived nominal) 128
パラダイム(paradigm) 40
パラフレーズ(paraphrase) 93
範疇(category) 112

ひ

比較文法・比較言語学(comparative linguistics) 13
ピジン(pidgin) 66, 69
非定形(non-finite form) 71
否定辞繰り上げ(neg-Raising) 113

否定辞配置(neg-placement) 116
標示付き括弧(labeled bracket) 103

ふ

付加疑問文(tag question) 79
不定詞 125, 136–138
分極の仮説(polarization hypothesis) 118
分詞構文 144
分析的(analytic)言語 83
文法上の性 39
文脈依存(context-sensitive) 120
文脈自由(context-free) 120
分離不定詞(split infinitive) 98

へ

閉鎖類(closed class) 57, 67, 123

ほ

法(mood) 72
法助動詞 73
法副詞 73
補部(complement) 136
補文標識(complementizer) 136, 138

め

名詞句(noun phrase, NP) 129
命題 72
命令法 79

も

黙字(mute) 20, 122

よ

様態分詞(manner participle) 144
与格(dative) 35, 125

ら

ラテン語　5, 14, 16, 91, 122

り

両数(dual)　55

る

類推(analogy)　123
ルーン文字(Rune Alphabet)　24

ろ

ローマ字(Roman Alphabet)　24

わ

話題化(topicalization)　95
話題化構文　95

【著者紹介】

児馬 修（こま おさむ）

〈略歴〉

1951 年	東京都生まれ
1974 年	東京教育大学文学部卒業（英語学専攻）
1976 年	同大学院修士課程修了（英語学専攻）
1976–1984 年	金沢大学教養部講師・助教授
1984–2005 年	東京学芸大学教育学部助教授・教授
2005–2011 年	慶應義塾大学医学部教授
2011–2022 年	立正大学文学部教授
2017–現在	東京学芸大学名誉教授

〈主な著書〉

『歴史的にさぐる現代の英文法』（共編著）（大修館書店、1990）、テイクオフ英語学シリーズ①『英語の歴史』（共著）（大修館書店、1995）、『歴史言語学』（共編著）（朝倉書店、2018）

ファンダメンタル英語史　改訂版

Fundamentals of Historical English Linguistics, Second Edition
Osamu Koma

発行	2018 年 1 月 29 日　改訂版 1 刷
	2023 年 4 月 5 日　　　　　3 刷
	（1996 年 11 月 16 日　初版 1 刷）
定価	1600 円+税
著者	ⓒ 児馬修
発行者	松本功
装丁者	大崎善治
印刷・製本所	三美印刷株式会社
発行所	株式会社 ひつじ書房
	〒 112-0011 東京都文京区千石 2-1-2　大和ビル 2F
	Tel.03-5319-4916　Fax.03-5319-4917
	郵便振替 00120-8-142852
	toiawase@hituzi.co.jp　https://www.hituzi.co.jp/

ISBN978-4-89476-877-2

造本には充分注意しておりますが、落丁・乱丁などがございましたら、小社かお買上げ書店にておとりかえいたします。ご意見、ご感想など、小社までお寄せ下されば幸いです。

ファンダメンタルシリーズ

ファンダメンタル英文法
瀬田幸人著　定価 1,600 円＋税

ファンダメンタル音声学
今井邦彦著　定価 2,400 円＋税

ファンダメンタル英語学演習
中島平三著　定価 1,600 円＋税

ファンダメンタル英語学　改訂版
中島平三著　定価 1,400 円＋税

ファンダメンタル認知言語学
野村益寛著　定価 1,600 円＋税